Eva Hauck Claudia Huboi

Kinder-Werkstatt

Holz, Stein, Metall

Haupt
GESTALTEN

Eva Hauck • Claudia Huboi

Kinder Werkstatt

Holz, Stein, Metall

Haupt Verlag

INHALT

tüfteln

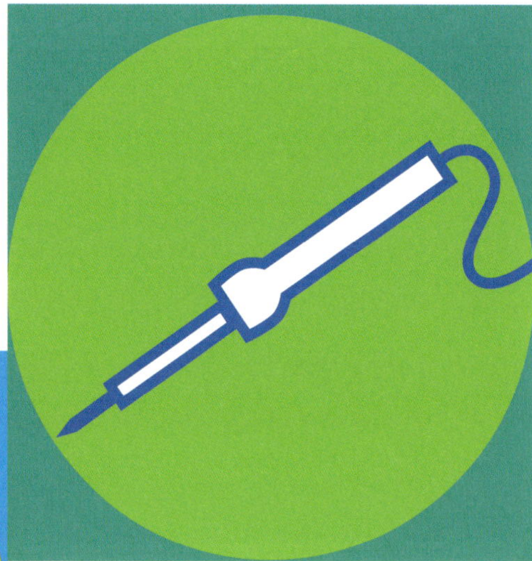

entdecken

staunen

erfinden

kapieren

ändern

überraschen

testen

spielen

VIEL
SPASS
DABEI

HOLZ

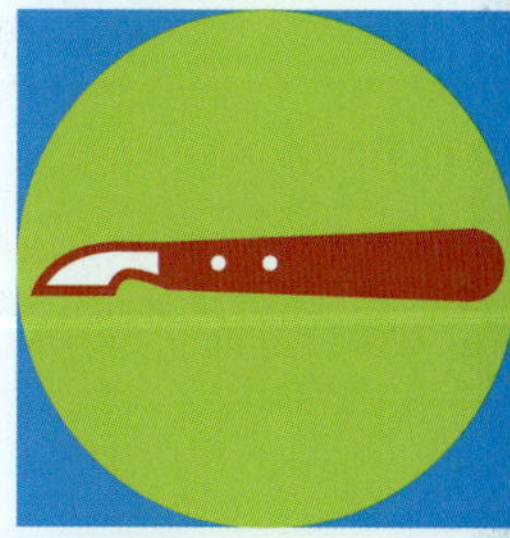

HOLZ

Holz wächst ringförmig, von innen nach außen. Das zeigen die Jahresringe, die du bei Baumscheiben entdecken kannst. Im Kern liegt das Mark, ganz außen die Rinde. Das Kernholz liegt weiter im Inneren, das Splintholz dicht unter der Rinde. Seinem Alter entsprechend ist das Kernholz dichter und trockener als das großporige, jüngere Splintholz.

Je nach Baumart unterscheidet sich Holz in Farbe, Härte, Maserung und Bearbeitbarkeit. So ist zum Beispiel Ahorn sehr hart im Unterschied zu Pappelholz.

Naturhölzer wie Äste, Schwemmholz oder Baumscheiben kannst du gut zum Schnitzen verwenden. Zum Werken brauchst du außerdem Holzplatten, in der Regel Sperrholz oder MDF.

Sperrholz besteht aus mehreren gegeneinander versetzt verleimten Holzplatten. Gebräuchlich sind Pappel und Birke. MDF (mitteldichte Faserplatte) besteht aus zusammengepressten Nadelholzfasern. Es ist recht preisgünstig und wegen seiner hohen Dichte vergleichsweise schwer. Balsaholz hingegen ist sehr leicht und eignet sich gut für den Modellbau. Der Balsabaum wächst bis zu 30 m hoch, am liebsten in Mittel- und Südamerika.

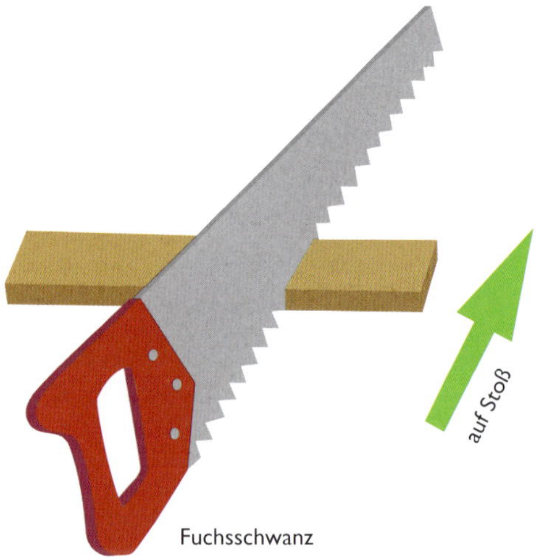

Hier siehst du die wichtigsten Sägearten. Den Fuchsschwanz brauchst du zum Sägen dickerer Bretter und Vierkanthölzer, sein Sägeblatt ist etwas gröber. Gesägt wird auf Stoß, also in der Bewegung, die vom Körper wegführt.

TIPP

Rechteckige Platten lässt du am einfachsten nach deinen Maßen im Baumarkt zusägen. So bekommst du exakte Zuschnitte.

SÄGEN, HÄMMERN, LEIMEN

Mit der Feinsäge sägst du Leisten und dünnere Bretter zu. Neben der klassischen Feinsäge gibt es die japanische Säge. Sie hat ein ganz feines Sägeblatt und ein entsprechend sauberes Sägebild. Du sägst mit ihr auf Zug, also in der Bewegung, die zum Körper hinführt.

Eine Bügelsäge brauchst du zum Werken eher selten. Aber mit ihr kannst du Äste und Bäumchen sägen. Für den Fall der Fälle ...

Mit der Laubsäge sägst du dünne Bretter bis zu 1 cm Dicke. Und du kannst mit ihr Rundungen, Schwünge oder Öffnungen aussägen. Das Sägeblatt wird zwischen die beiden Schrauben des Eisenbügels straff gespannt. Achte beim Einspannen darauf, dass die Zähnchen zum Griff gerichtet sind. Sie zeigen also während des Sägens nach unten. Kleinere Werkstücke werden mit einer Schraubzwinge auf dem Sägetischchen befestigt, das Sägeblatt steht beim Sägen senkrecht zur Holzfläche.

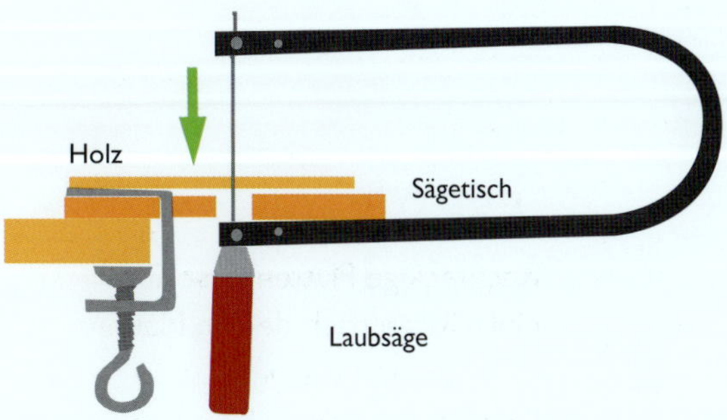

HOLZ

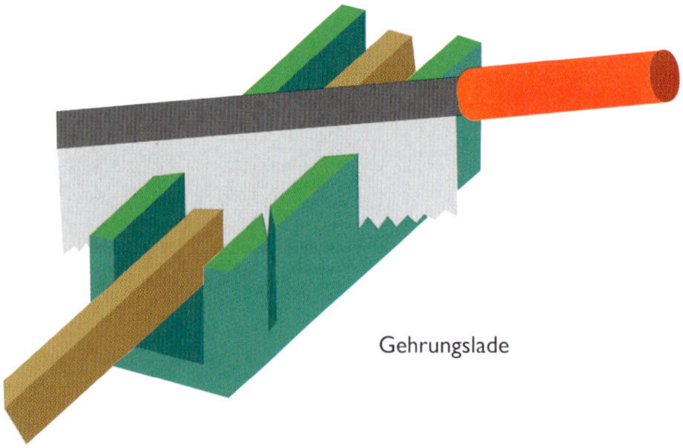

Gehrungslade

Das ist eine Gehrungslade. Die Leiste oder das Vierkantholz legst du in die Lade, die Feinsäge führst du durch die Schlitze und erhältst so 45°-Winkel. Das nennt man auf Gehrung sägen. Die Gehrungslade wird mit einer Schraubzwinge am Arbeitstisch befestigt, das Holz presst du beim Sägen gegen die hintere Kante.

Nach dem Sägen kommt das Glätten aller sägerauen Kanten und Oberflächen. Dafür verwendest du Schleifpapier mit unterschiedlich rauen Oberflächen. Das kommt durch die Körnung: Je höher die Ziffer, desto feiner das Schleifpapier. Schleifpapier mit 180er-Körnung ist also feiner als Papier mit 60er-Körnung. Darüber hinaus gibt es Holzfeilen in verschiedenen Formen, zum Beispiel dreieckige, flache, runde oder geschwungene.

Mit Nägeln lassen sich Holzstücke einfach verbinden. Damit du Nägel nicht unfreiwillig schief einschlägst oder verbiegst, hältst du sie zu Beginn mit zwei Fingern der anderen Hand fest. Nägel gibt es in verschiedenen Längen, Dicken und mit unterschiedlich großen Köpfen. Achte darauf, nicht zu nahe am Rand zu hämmern. Sonst kann sich das Holz spalten. Zum Üben nimmst du Holzreste und schlägst Nägel in verschiedenen Längen und Stärken ein.

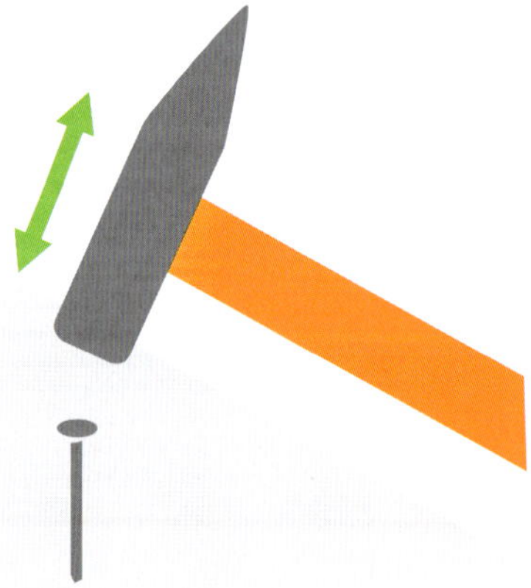

SÄGEN, HÄMMERN, LEIMEN

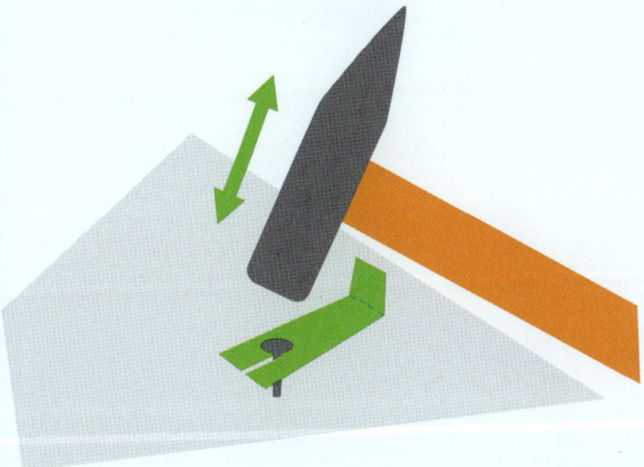

Auch Leim sorgt für einfache Holzverbindungen. Besonders praktisch ist Express-Holzleim, der schon nach wenigen Minuten fest wird. Wichtig ist, dass du die Holzstücke beim Leimen fest aufeinanderdrückst und den Druck eine Weile hältst. Schraubzwingen helfen dabei. Du kannst auch Bücher zum Beschweren auflegen. Um zwei Holzplatten rechtwinklig zu verleimen, gehst du am besten so vor: Die senkrecht stehende Platte richtest du bündig an der waagerecht liegenden Platte aus. Von innen legst du ein Winkellineal an, um einen 90°-Winkel zu erhalten.

Bei kleinen, dünnen Nägeln hilft ein Trick: Du schneidest einen Kartonstreifen zum Halten – wie, erkennst du auf der Zeichnung. Du kannst auch mit einem Handbohrer erst einmal ein kleines Loch vorbohren (siehe Seite 33).

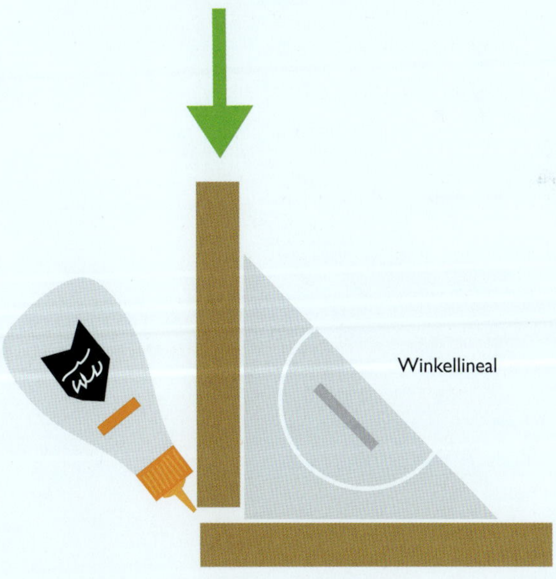

HOLZ
SÄGEN, HÄMMERN, LEIMEN

PIRATENSCHIFF

MATERIAL
Kokosnuss, Pappe, Papier, Garnrest, Holzspieß, Holzkugel, Knete, Schere, Handbohrer, Fuchsschwanz, Heißkleber, Messer, Farbe und Pinsel, schwarzer Filzstift

Hast du schon mal eine Kokosnuss „geknackt"? An einer Seite der Kokosnuss findest du drei kleine, kreisförmige Stellen. Hier ist die Nuss besonders weich und du kannst sie leicht mit dem Handbohrer anbohren und die Kokosmilch ablaufen lassen. Sammle sie in einem Glas – Kokosmilch schmeckt lecker.

Dann sägst du die Nuss hälftig auseinander. Für dein Schiff brauchst du nur die Hälfte ohne Loch. Mit einem scharfen Messer löst du das Kokosfleisch aus der Schale. Anschließend säuberst du die Schale unter fließendem Wasser. Aus der Pappe schneidest du eine runde Form mit einem Durchmesser, der dem der Kokoshälfte entspricht. Dort, wo der Mast stehen soll, spießt du den Holzspieß durch die Pappe. Mit etwas Knete, die du fest an der Innenwand der Kokosnuss andrückst, schaffst du ein stabiles „Fundament" für den Mast. Die runde Pappe drückst du als Planken des Schiffsdecks in die Kokosnusshälfte.

Aus einem rechteckigen Stück Pappe formst du ein Kanonenrohr. Die Rückseite des Rohrs verstopfst du mit einer Holzkugel. Als Lunte verwendest du ein Stück rotes Garn. Kommandobrücke und Halterung für die Kanone schneidest du ebenfalls aus Pappe aus und klebst beides mit Heißkleber am Rand der Kokosnuss fest. Nun fehlen nur noch die Segel und die Piratenflagge. Du schneidest sie aus Papier aus und klebst sie an den Mast. Natürlich erst, nachdem du die Flagge mit einem Totenkopf bemalt hast. Die Kanone bemalst du mit grauer Farbe.

◀ Piratenschiff
Max, 12 Jahre

HOLZ
SÄGEN, HÄMMERN, LEIMEN

Lok

MATERIAL
Vierkantholz, 3,5 x 3,5 cm
4 runde Holzscheiben
Holzleistenreste für Führerhaus und Schornstein
Sperrholz, 3 mm stark, 5 x 8 cm
2 lange Nägel
Kneifzange, Metallfeile
Hammer
Holzleim

Die Lok besteht aus einem größeren rechteckigen Quader, einem Dreieckhölzchen als Kuhfänger (vorne) sowie zwei quadratischen Sägereststücken und einer Platte für das Führerhaus. Die Klötzchen stellst du her, wie auf Seite 12 beschrieben. Dann leimst du alle Teile zusammen. Du kannst dich dabei am Foto links orientieren. Vergiss nicht, ein kleines Holz als Schornstein aufzuleimen.

Als Räder verwendest du vier runde Holzscheiben, die es im Baumarkt zu kaufen gibt. Zunächst durchbohrst du den großen Quader an zwei Stellen in der unteren Hälfte. Du schiebst je einen langen Nagel durch die Löcher und setzt eine Holzscheibe auf die Nagelspitze. Dann knipst du den Nagelkopf auf der anderen Seite jeweils mit der Zange ab und feilst das Ende zur Spitze. Auf diese Nagelspitze setzt du ebenfalls je eine Holzscheibe auf und treibst den Nagel in die Scheiben, indem du mit dem Hammer von der anderen Seite vorsichtig gegen die Holzscheibe schlägst.

HOLZ

SÄGEN, HÄMMERN, LEIMEN

GRUPPENARBEIT

PUPPENHAUS

MATERIAL
12 Sperrholzplatten, 4 mm stark, 15 x 15 cm
4 Sperrholzplatten, 4 mm stark, 20 x 15 cm
Sperrholzplatte, 4 mm stark, 35 x 15 cm
Sperrholzreste, Holzleistenreste
Holzdübel, verschiedene Größen
runde Holzscheiben, verschiedene Größen (Baumarkt), Holzhalbkugeln (Hobbyladen)
Rundhölzchen, Zahnstocher, bunte Papiere
Draht, Stoffreste, Feinsäge, Laubsäge
Schere, Ahle, Farbe und Pinsel
Holzleim, Klebestift

Das Puppenhaus ist von beiden Seiten bespielbar: Es besteht aus zwei Würfeln mit den Maßen 15 x 15 x 15 cm. Und aus zwei Quadern von 20 x 15 x 15 cm. Die Terrasse hat die Maße 35 x 15 cm; die Holzplatten kannst du dir im Baumarkt zusägen lassen. Bevor du die Räume zusammenleimst, sägst du mit der Laubsäge die Türausschnitte aus, einen pro Raum. Die Räume kannst du beliebig aufeinander- oder umstapeln, aus bunten Papieren klebst du Tapeten ein.
Für die Möbel brauchst du: jede Menge Reste von Holzleisten und Sperrholzplatten, Rundhölzchen, Holzscheiben, Holzdübel, Holzhalbkugeln, Stoffreste, Farben, Leim, bunte Papierchen, Draht, Zahnstocher... Überlege dir, wie sich aus diesen einfachen Zutaten Möbel bauen lassen – Schränke, Betten, Tische, Küchenzeile, Sonnenschirm und alles, was dir einfällt.

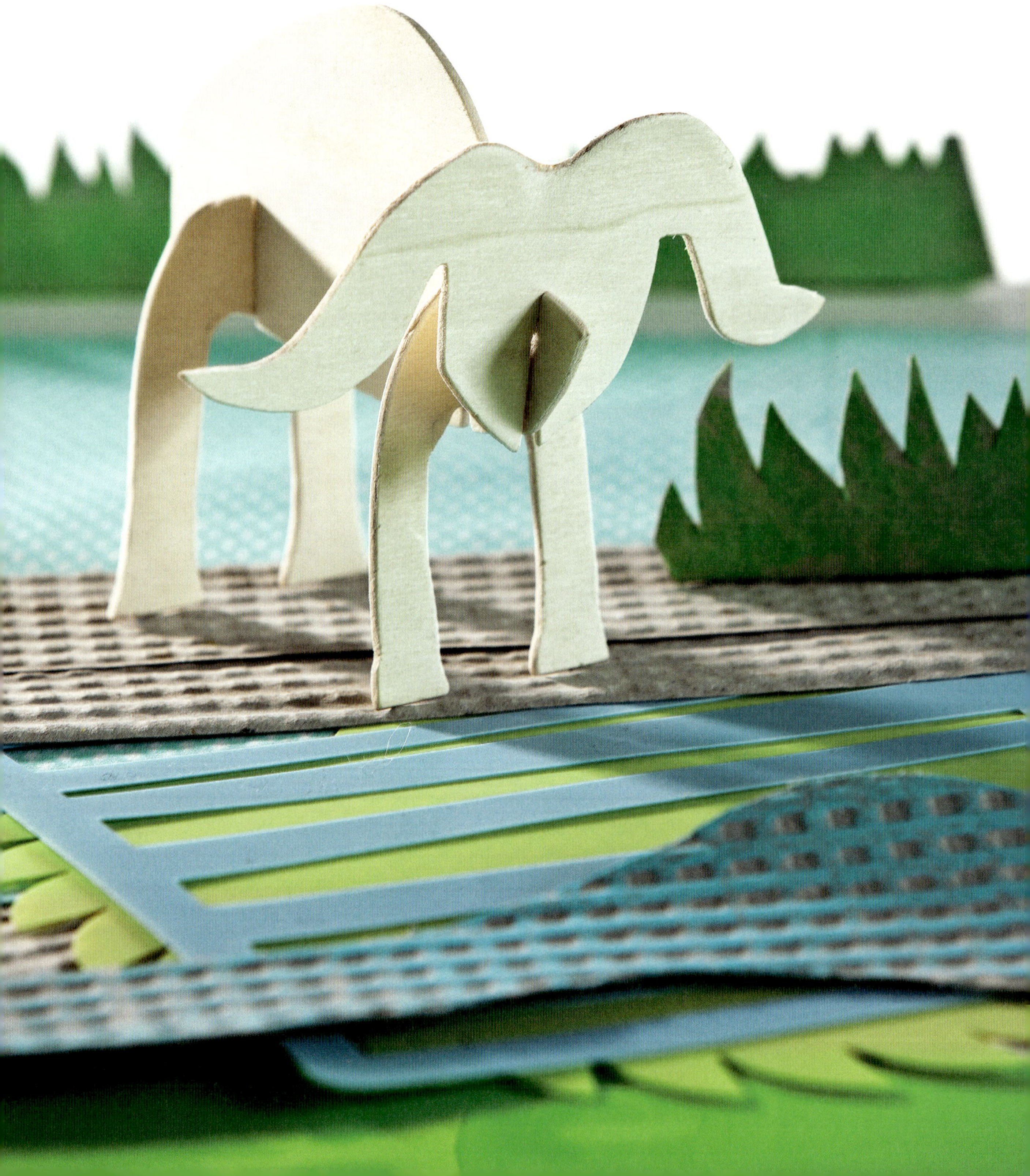

Wasserbüffel

MATERIAL

Sperrholz, 3 mm stark
Papier
Bleistift
Laubsäge
Schleifpapier
Schraubzwinge

Am besten zeichnest du deine Figur auf Papier vor. Körper und Beine sind jeweils separate Teile und bei diesem Wasserbüffel ist auch der Kopf ein einzelnes Teil. An den Verbindungsstellen muss jedes Teil mit einer Kerbe versehen werden.

Tipp

Wenn du es lieber bunt magst, kannst du die fertige Figur bemalen.

Nun überträgst du deine Vorlage auf das Holz. Du befestigst das Holz mit der Schraubzwinge an deiner Arbeitsfläche und sägst mit der Laubsäge entlang den Konturen. Die Kerben musst du vorsichtig aussägen, damit sie nicht zu breit werden. Wenn du die Sägearbeiten abgeschlossen hast, glättest du alle Kanten mit Schleifpapier. Nun steckst du die Teile zusammen. Sollten sich die Kerben nicht gut ineinanderfügen, musst du an den entsprechenden Stellen nachschleifen.

KATAMARAN

MATERIAL
Balsaholz
6 kleine, gelochte Holzdübel
Rundholz
Stoffrest, Garnrest
Textilkleber
Feinsäge, Holzleim
Akkubohrer
Schleifpapier

Aus Balsaholz sägst du zwei Kufen zu und schleifst sie in Form. Du verbindest sie durch drei halbierte Rundholzstücke. Dafür fräst du mit dem Bohrer halbkreisförmige Rinnen in die Kufen. Du passt die in Hälften zersägten Rundhölzer ein und leimst sie fest.

In eine Balsaholzplatte bohrst du auf zwei Seiten je drei Löcher. Die drei halbierten Rundhölzer bohrst du ebenfalls an und leimst die kleinen Holzdübel ein. Du setzt die Platte auf, indem du die Dübel durch die Löcher in der Platte führst.

Eine kleinere quadratische Balsaplatte schleifst du an allen vier Seiten so ab, dass sich Schrägen ergeben (siehe Foto). Du bohrst mittig ein Loch und leimst das Rundholz für den Mast ein. Dann verleimst du die kleinere Platte mit der größeren.

Aus dem Stoffrest schneidest du ein Segel zu. Klappe die lange Seitenkante um und klebe sie so mit Textilkleber fest, dass sich ein Tunnel bildet, den du über den Mast ziehen kannst.

Wenn du ein Stück Garn durch die Löcher in den kleinen Holzdübeln fädelst, sieht das aus wie eine Reling.

HOLZ

Zum Schnitzen brauchst du ein scharfes Messer. Das kann ein gutes Taschenmesser sein. Es gibt aber auch spezielle Schnitzmesser oder Kerbschnitzmesser, die sich zum Beispiel für die Schnitzarbeiten auf den Zauberstäben von Seite 26 eignen. Arbeite beim Schnitzen immer vom Körper weg, am besten im Faserverlauf des Holzes.

Schön sieht's aus, wenn du Astholz einkerbst. Du markierst mit dem Messer auf der Rinde die Konturen der gewünschten Muster. Dann schneidest du an diesen Umrisslinien die Rinde bis zum Holz durch.

Anschließend ziehst du die zwischen den Umrisslinien liegenden Rindenteile vorsichtig mit der Hand ab.

Um Holzkloben oder Ähnliches auszustemmen, brauchst du Schnitzeisen oder Stecheisen. Diese können verschiedene Formen haben. Es gibt einfache Stechbeitel, Flacheisen, Hohlbeitel und gekröpfte Eisen.

Schnitzmesser

Stechbeitel Flacheisen Hohlbeitel gekröpfte Eisen

SCHNITZEN

Wenn die Bäume im Winter oder Frühjahr beschnitten werden, findest du genügend Abfallholz zum Einkerben. Sehr schöne Kontraste zwischen Rinde und hellem Kernholz entstehen bei der Bearbeitung des jungen Holzes von Hasel, Buche oder Esche.

Du spannst deinen Holzblock zwischen die Holzbacken eines Schraubstocks oder befestigst ihn mit Schraubzwingen an dem Arbeitstisch oder einer Werkbank. Dann setzt du das Stecheisen schräg an, hältst es mit einer Hand fest und schlägst mit der anderen Hand mit einem Klopfholz oder Holzhammer auf die Oberseite des Stecheisengriffs. Auf diese Weise schabst du Holzspäne ab und höhlst den Holzblock aus.

Um Figuren und Tiere zu schnitzen, eignet sich Lindenholz am besten. Es ist sehr weich und lässt sich mit dem Messer besonders gut bearbeiten.

Zauberstäbe

MATERIAL
Äste
Schnitz- oder Taschenmesser
Schleifpapier

Mit dem Messer kerbst du die Rinde ein und versiehst den Ast ringsum mit vielen Mustern. Wenn du tief ins Holz schnitzt, tritt die helle Farbe des inneren Holzes zutage. Die Partien, die stehen bleiben, haben einen dunkleren Braunton. Wenn du magst, kannst du ein Astende spitz zuschnitzen.

Zum Schluss schleifst du den Stab vorsichtig mit Schleifpapier. Du darfst nicht zu doll schleifen, sonst geht die Musterung verloren.

Tipp

Für die dunklen Stellen kannst du die Rinde entweder komplett stehen lassen (zum Beispiel bei jungem Buchenholz) oder nur die oberste Rindenschicht abziehen (bei älterem Holz). Die darunterliegende Schicht hat ebenfalls einen dunkleren Farbton als der helle Kern.

3 Monster

MATERIAL
Fundhölzer
Taschenmesser
Feilen
Sandpapier
Bastelfarben
Pinsel

Erst einmal betrachtest du das Fundholz von allen Seiten. Was siehst du? Einen Elch, ein Nasenmonster, ein Gürteltier?

Dann geht's ans Schnitzen – immer vom Körper weg. Rindenstücke werden entfernt, manche Vorsprünge geglättet und zurückgenommen, andere betont. Bei widerborstigen Holzknubbeln kannst du kleine Feilen zur Hilfe nehmen oder mit feinem Schleifpapier dein Werk vor dem Bemalen glätten.

3 Monster:
Katharina, Johannes und Jasper,
11, 12 und 9 Jahre

Einbaum

MATERIAL
Vierkantholz, 2 cm stark, 20 x 3 cm
2 Holzstäbchen (von Eis am Stiel)
Schnitzmesser
Schleifpapier
Hohlbeitel
Klopfholz
Feile
Schraubstock

Du spannst das Holz fest in den Schraubstock ein und arbeitest eine tiefe Kehle mithilfe von Hohlbeitel und Klopfholz. Ist die Innenfläche tief genug ausgehöhlt, kommen die Außenseiten dran: Mit einer Feile schrägst du die Enden ab, damit dein Holzstück das Aussehen eines Bootes bekommt. Danach schleifst du den Einbaum noch einmal von allen Seiten mit Schleifpapier.

Als Ruder dienen zwei Holzstäbchen, wie sie für Eis am Stiel verwendet werden. Du bearbeitest sie mit dem Schnitzmesser und lässt sie an einer Seite schmaler werden. Mit Schleifpapier machst du letzte Korrekturen und glättest die Kanten.

HOLZ

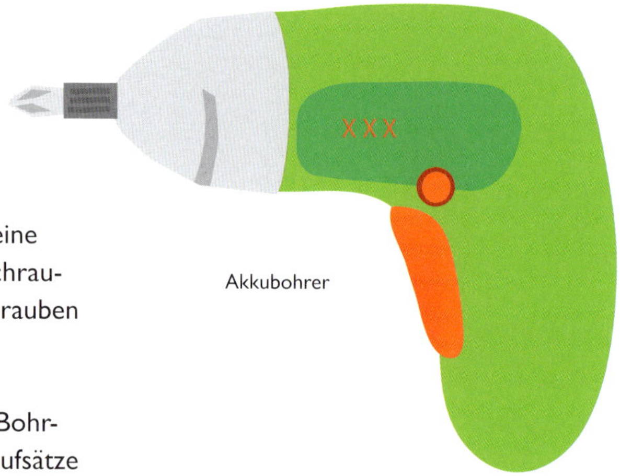

Akkubohrer

Ein Akkubohrer ist praktisch, auch für kleine Hände. Du kannst mit ihm bohren und schrauben. Je nach Drehrichtung lassen sich Schrauben hinein- oder herausdrehen.

Die auswechselbaren Aufsätze sitzen im Bohrfutter. Schraubaufsätze heißen Bits, Bohraufsätze Bohrer. Bohrer gibt es für Holz (spitz) oder Metall (abgeflacht). Fürs Steinbohren eignen sich Akkubohrer im Gegensatz zu Bohrmaschinen nur bedingt.

Wichtig ist, den Akkubohrer immer senkrecht zu halten, egal ob du bohrst oder schraubst. Das Werkstück fixierst du am besten mit einer Schraubzwinge. Gebohrte Löcher glättest du mit einem Stückchen Schleifpapier.

Schrauben ermöglichen sehr haltbare Holzverbindungen. Und: Schrauben kannst du einfach wieder lösen, das ist ein großer Vorteil zu Leim- oder Nagelverbindungen.

Schrauben haben ein Außengewinde, es gibt sie in unterschiedlichen Längen und Dicken. Auch die Schraubenköpfe haben unterschiedliche Formen, hier siehst du eine Holzsenkschraube. Daneben gibt es zum Beispiel Rundkopf- oder Flachkopfschrauben. Manche Schrauben haben eine Einkerbung, das sind Schlitzschrauben. Oder sie haben zwei überkreuzte Einkerbungen, das sind Kreuzschrauben.

BOHREN UND SCHRAUBEN

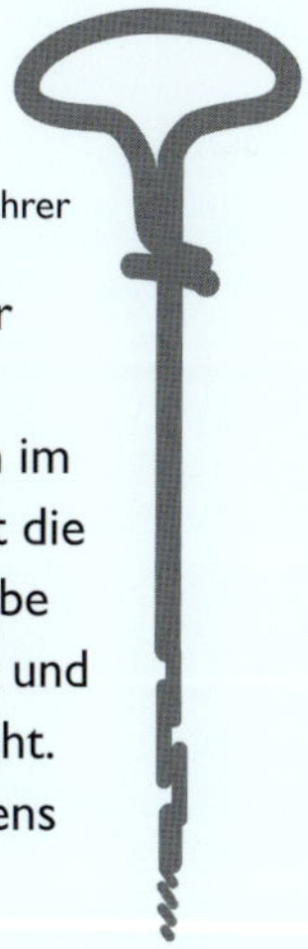

Handbohrer

Das ist ein Hand- oder Nagelbohrer. Mit ihm kannst du ein Löchlein im Holz vorbohren, damit die einzudrehende Schraube von Anfang an gut sitzt und nicht seitlich wegrutscht. Das Gleiche gilt übrigens auch für Nägel.

Durch Unterlegscheiben wird die Schraubkraft auf eine größere Fläche verteilt, damit sich der Schraubenkopf nicht in weiches Material eingräbt.

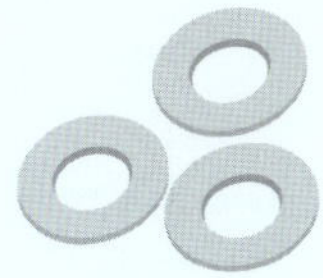

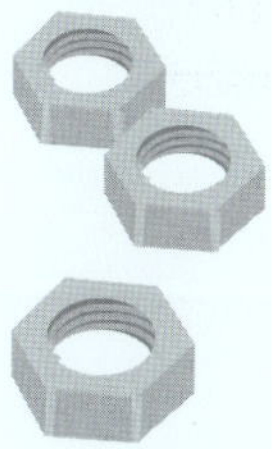

Muttern sind das Gegenstück zu Schrauben. Mit vollem Namen heißen sie Schraubenmuttern (im Vergleich zu Vaterschrauben) und haben ein Innengewinde. Am häufigsten gibt es Sechskantmuttern, die du mit einem Schraubenschlüssel anziehst und löst.

Daneben gibt es Flügelmuttern, die du bequem mit der Hand festdrehst.

Dübel werden in ein Bohrloch gesteckt. Beim Eindrehen der Schraube spreizt sich der Dübel, wodurch das Ganze im Holz fester sitzt.

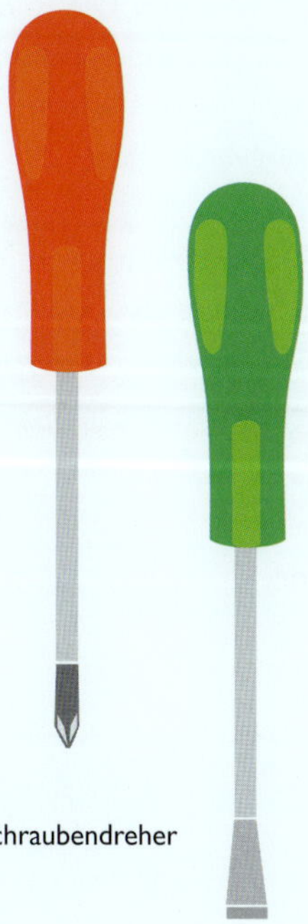

Schraubendreher

Hier siehst du Schraubendreher, im Alltag oft Schraubenzieher genannt. Mit ihm drehst du Schrauben hinein – und wieder heraus. Passend zu den Schrauben gibt es Schlitz- und Kreuzschraubendreher.

Bei manchen Modellen in diesem Buch wirst du außerdem Gewindestangen finden. Das sind lange Stangen mit Außengewinde, die du mit einer Metallsäge bequem auf die gebrauchte Länge kürzen kannst.

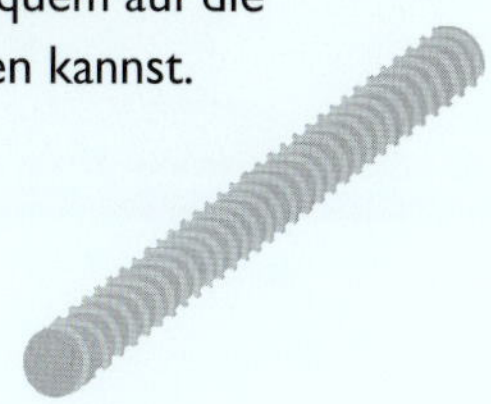

KLIPP-KLAPP

MATERIAL
Holzleistenreste
6 Scharniere und passende Schrauben
Akkubohrer
Feinsäge
Holzleim
Farbe und Pinsel

Der Rumpf des Tänzers besteht aus einem beweglichen Viereck, sodass er seinen Bauch nach rechts oder links schwingen kann.

Insgesamt brauchst du 15 Leistenstücke: zwei für Kopf und Hals, vier für den Rumpf, vier für die Arme, vier für Beine und Füße, eine als Grundplatte. Beim Rumpf ist wichtig, dass jeweils zwei Leisten gleich lang sind. Die Rumpf-Leisten verbindest du mit passenden Scharnieren. Die jeweils zweigliedrigen Arme werden ebenfalls mit Scharnieren verbunden.

Anschließend leimst du alle Einzelteile zu einer Figur zusammen. Achte darauf, dass sie ihr Gleichgewicht halten kann. Wenn du möchtest, kannst du zum Schluss ein Gesicht aufmalen.

Hüftschwinger ▶
Katharina, 13 Jahre

stop
hooligans
BAUCENTER
am Kiosk:

HOLZ

BOHREN, SCHRAUBEN

Gruppenarbeit

Tisch-Kicker

MATERIAL

MDF-Platte, 1 cm stark, 47 x 37 cm (Grundplatte)
2 Sperrholzplatten, 8 mm stark, 47 x 13 cm (lange Seitenteile)
2 Sperrholzplatten, 8 mm stark, 35,4 x 13 cm (kurze Seitenteile)
Rundholz, Ø 2 cm
Holzleiste, 2,5 x 2,5 cm
4 Gewindestangen, M5
12 Flügelmuttern, M5
4 Dübel, M6
2 Zitronennetze
Papier und Stifte
grünes Tonpapier A3
Gewebeband
Akkubohrer
Holzbohrer, Ø 5 mm, Ø 6 mm
Metallsäge
Feinsäge

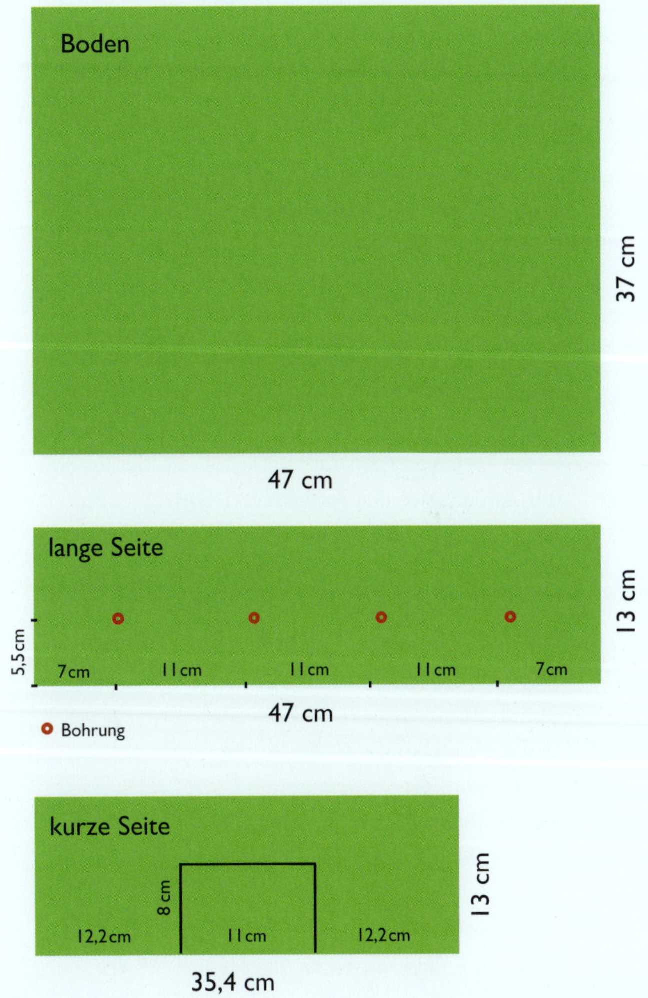

HOLZ

BOHREN, SCHRAUBEN

GRUPPENARBEIT

Die Holzplatten für den Kasten lässt du dir im Baumarkt nach den angegebenen Maßen zusägen. Mit dem 6-mm-Bohrer bohrst du in die langen Seitenteile, wie in der Zeichnung angegeben, jeweils vier Löcher.

In die kurzen Seitenteile sägst du mit der Laubsäge die Tore wie angegeben aus. Jetzt kannst du den Kasten zusammenleimen. Dafür leimst du am besten erst eine kurze und eine lange Seite im rechten Winkel auf die Grundplatte, dann folgt die zweite kurze Seite und schließlich die zweite lange Seite.

In die Tore kommen Zitronenetze, die du auf der Außenseite des Kastens mit Gewebeband festklebst. Aus Tonpapier klebst du den Rasen ein und zeichnest das Fußballfeld auf.

Für die Querstangen sägst du vier Gewindestäbe auf ca. 90 cm zu. Dann sägst du aus dem Rundholz vier Stücke von jeweils 10 cm Länge ab. Das werden die Griffe. In die Griffe bohrst du mit dem 6-mm-Bohrer ein Loch und steckst jeweils einen Dübel fest hinein. Die Griffe werden auf die Querstangen geschraubt.

Jetzt sind die Figuren an der Reihe: Aus der Holzleiste sägst du sechs Stücke von 7,5 cm Länge zu. Pro Mannschaft gibt es einen Torwart und zwei Stürmer. In die Seiten bohrst du – wie in der Zeichnung zu sehen – die Löcher für die Aufhängung mit dem 5-mm-Bohrer.

Aus Papier schneidest du Banderolen, die jeweils um die Holzklötze passen. Bei den hier angegebenen Maßen ist die Banderole 11 cm lang und etwa 6 cm hoch. Auf die Banderole zeichnest du die Fußballer von vorne, von den Seiten, von hinten ... (Die hier zu sehenden Kicker sind am Computer gezeichnet, du kannst sie aber genauso gut von Hand zeichnen.) Die Banderolen klebst du um die Holzklötze und stichst die Bohrungen vorsichtig nach. Wenn du möchtest, klebst du auf die Innenseite des Kastens bunte Bandenwerbung.

Fehlt noch die Aufstellung: Die Gewindestangen schiebst du so in den Kasten, dass jeder Spieler auf seiner Seite zwei Griffe bedienen kann. Dann schiebst du die Fußballer auf die Querstangen, rechts und links werden sie jeweils durch eine Flügelmutter gehalten. Für das Befestigen der Figuren brauchst du ein wenig Geduld. Achte beim Festschrauben der Figuren darauf, dass sich die Querstangen weit genug herausziehen lassen.

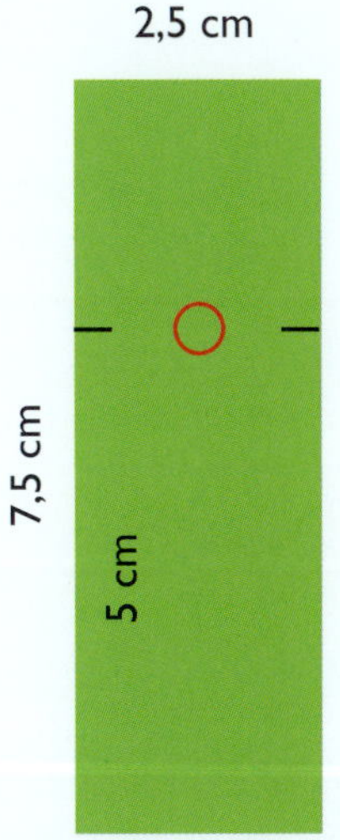

Figur Seitenansicht

Tipp

Damit das Spielen leiser wird, steckst du in die Bohrungen der Seitenwände kurze Stücke einer Aluröhre (Baumarkt), die du mit der Metallsäge zusägst. Dann ratschen die Gewindestäbe nicht direkt übers Holz. In diesem Fall müssen die Löcher in den Seitenwänden einen entsprechend größeren Durchmesser haben.

HOLZ

BOHREN, SCHRAUBEN

Klapp(er)schlange

MATERIAL
Holzleiste, 4,5 cm x 1,7 cm
MDF-Platte, 1 cm stark, 30 x 30 cm
Holzdübel, Ø 6 mm, 30 mm
Feinsäge
Akkubohrer
Schleifpapier
Farbe und Pinsel
Holzleim

Diese Schlange kannst du ausgiebig drehen oder wenden – und anschließend wieder zusammenklappen. Sie besteht aus sieben bis acht aufeinandergesteckten Holzklötzen, die etwa 10 cm lang und 4,5 cm breit sind. Die Holzklötze sägst du aus einer Holzleiste zu. Für den Schlangenkopf sägst du rechts und links an einem Holzklotz die Ecken ab.

Dann ist Bohrzeit: In jeden Holzklotz bohrst du rechts und links je ein Loch, ungefähr 3 cm vom Rand entfernt.

Nun glättest du die Klötze und Bohrlöcher mit etwas Schleifpapier und streichst die Klötze an. Auf den Kopf klebst du außerdem zwei Holzperlen als Augen. Nach dem Trocknen leimst du in jeden Holzklotz einen Holzdübel.

Als Basis leimst du einen Holzklotz auf die MDF-Platte – und steckst die anderen Holzklötze aufeinander.

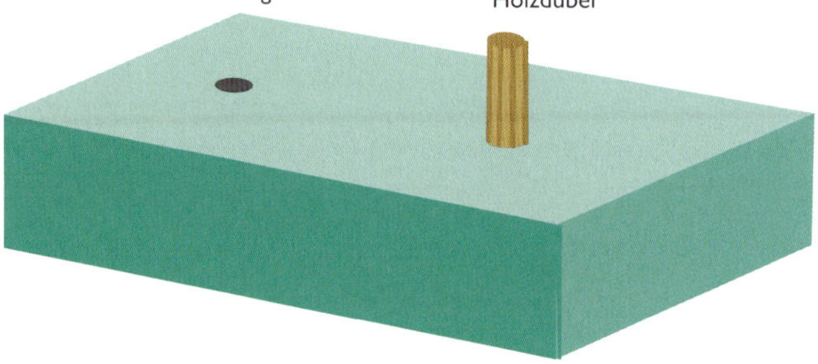

Tipp

Achte darauf, dass die MDF-Platte dick und damit schwer genug ist, um als stabile Grundplatte dienen zu können.

KATAPULT

MATERIAL
Holzleisten, Rundhölzer, Flaschendeckel aus Plastik, Gummiband, Draht, getrocknete Erbsen als Munition, Heißkleber, Messer, Feinsäge, Handbohrer, Seitenschneider

Zunächst baust du ein Gerüst aus Hölzern, die alle in etwa die gleiche Länge von 12 cm haben. Am Boden besteht das Gerüst aus zum Quadrat angeordneten Rundhölzern und Leistenstücken. Dann baust du eine Art Dachstuhl aus vier Hölzern, die zu Dreiecken aufgestellt werden, und einem quer darüberliegenden Rundholz. Du verbindest alle Hölzer mit Heißkleber. Um das Ganze stabiler zu machen, kannst du weitere diagonale Streben anbringen.

Nun kommt das bewegliche Rundholz ins Spiel. An einem Ende befestigst du den Flaschendeckel mit Heißkleber. Das andere Ende durchbohrst du, ebenso wie zwei Leistenstücke, die rechts und links neben dem Rundholz am Boden angebracht werden. Du schiebst ein Stück Draht durch die Löcher und biegst die Drahtenden um. So hast du eine Art Gelenk gebaut. In Höhe des oberen Querbalkens spannst du ein Gummiband um Gestell und bewegliches Rundholz mit Flaschendeckel.

Wenn du nun das Rundholz mit dem Finger nach unten drückst, setzt du das Gummiband unter Spannung. Lässt du los, schnellt das Band zurück in seine Ausgangsposition. Auf diese Weise kann deine Munition (zum Beispiel getrocknete Erbsen) weit geschleudert werden.

! Benutze dein Katapult nur, wenn niemand in der Nähe ist, der verletzt werden könnte.

◀ Katapult
Max, 12 Jahre

BOHREN, SCHRAUBEN

GRUPPENARBEIT

3-D-DOMINO

MATERIAL
Holzleistenreste
Schrauben, Muttern, Nägel, Gummibänder, Papierreste, Unterlegscheiben, Reißzwecken ...
Schraubendreher
Hammer
Rundfeile
Feinsäge
Schleifpapier
Klebstoff

Diese Dominosteine lassen sich nicht nur waagerecht, sondern auch senkrecht aneinanderlegen. Du kannst also mit ihnen auch in die Höhe bauen.

Zunächst brauchst du längliche Holzklötze in der gewünschten Anzahl. Die sägst du aus Holzleisten zu.

Mit einer Rundfeile feilst du anschließend eine Kerbe in die Mitte der Klötze, um die Spielsteine in zwei Hälften zu unterteilen. Dann glättest du die Holzklötze rundum mit Schleifpapier.

Denke dir aus, wie du die Spielsteine markieren möchtest – mit Nägeln, unterschiedlich großen Schrauben, Muttern, Reißzwecken, Unterlegscheiben, aufgeklebten Gummibändern, Papierresten ...

HOLZ
BOHREN, SCHRAUBEN

BERGGONDEL

MATERIAL
2 MDF-Platten, 1 cm stark, 30 x 30 cm
dicke Holzleiste, z. B. 4 x 4 cm
2 Rundhölzchen
4 gebohrte Holzräder (Hobbyladen)
dünne Schnur, Maschendraht
Graupappe, bunte Papiere
Kurbel (Inbusschlüssel), Feinsäge
dünner Draht, Seitenschneider
Akkubohrer, Holzleim

Die MDF-Grundplatten leimst du im rechten Winkel aneinander. Das ist das Grundgerüst. Dann sägst du aus der dicken Holzleiste zwei Gondelstationen zu. Bei dem Modell auf dem Foto haben sie eine Höhe von 6,5 cm. Die Gondeln bewegen sich durch einen Riemenantrieb, mehr dazu erfährst du auf Seite 48. In die Oberseite der Gondelstationen bohrst du ein Loch für die Lager. Die Durchmesser müssen so groß sein, dass sich die als Wellen eingesetzten Rundhölzer bequem drehen können. Aus den Holzrädern und etwas Graupappe fertigst du die Riemenscheiben und leimst sie auf die Rundhölzer. Die Rundhölzer steckst du in die Bohrungen der Gondelstationen. Die Gondelstationen beklebst du wiederum mit bunten Papieren.
Die passende Stelle für die Gondelstationen findest du durch Ausprobieren. Denn das Gefälle darf nicht zu steil sein, damit die Schnur nicht aus den Riemenscheiben rutscht. Die Gondelstationen auf dem Foto sind auf einer Höhe von 22 cm (links) und 9 cm (rechts) festgeleimt. Als Riemen dient eine doppelt gespannte dünne Schnur, deren Enden du fest verknotest.
Aus Maschendraht formst du zwei würfelförmige Gondeln, schließt sie mit dünnem Draht und knotest sie an den Antriebsriemen. Der Knoten sollte nicht zu dick sein, sonst gibt's Kuddelmuddel, wenn die Gondel sich um die Riemenscheiben bewegt.
Zum Schluss klebst du eine Berglandschaft aus Graupappe und bunten Papierchen auf und verzierst die Gondeln.

BERG
7
TAL

HOLZ

BOHREN, SCHRAUBEN

RÄDERWERK

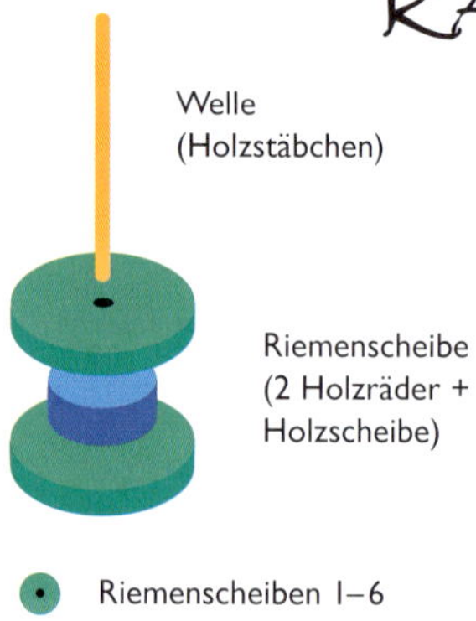

MATERIAL
Holzleisten, Rundhölzchen
runde Holzscheiben (Baumarkt)
gebohrte Holzräder (Hobbyladen)
Kurbel (Inbusschlüssel)
Gummibänder, fester Draht
Schrauböse, Akkubohrer, Holzleim

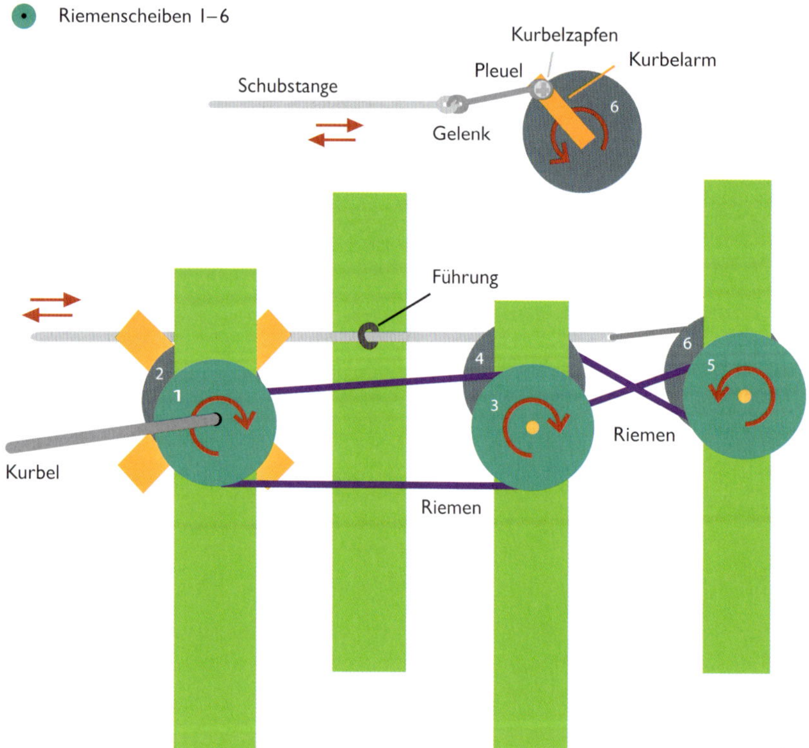

Hier drehst du an einer Kurbel – und sechs Räder drehen sich mit. Das Ganze nennt sich Riemenantrieb oder Riemengetriebe.

Die Grundbausteine sind: Riemenscheiben (Holzräder), Wellen (Rundhölzchen, auf denen die Räder stecken), Riemen (Gummibänder) und Lager (Bohrung in den Holzleisten), in denen die Wellen stecken und sich drehen können.

Einen möglichen Aufbau zeigen dir Foto und Zeichnung. Für die Riemenscheiben leimst du jeweils eine Holzscheibe zwischen zwei Holzräder. So können die Riemen bequem zwischen den Holzrädern laufen. Wenn du keine Holzscheiben hast, kannst du auch dicke Pappkreise zwischen die Holzräder kleben. Anschließend leimst du in drei der Riemenscheiben ein Holzstäbchen als Welle.

Die gebohrten Holzleisten werden auf eine Grundplatte geleimt, die mit einer Riemenscheibe versehenen Wellen durch die Bohrungen geschoben. Auf die Gegenseite leimst du jeweils die zweite Riemenscheibe. Anschließend spannst du die Gummibänder als Riemen. Werden diese überkreuzt, dreht sich die folgende Riemenscheibe in entgegengesetzter Richtung.

Außerdem siehst du hier einen sogenannten Kurbelschubantrieb, bei dem die kreisförmige in eine horizontale Bewegung umgelenkt wird. Das erkennst du an den Pfeilen in der Zeichnung. Auf die hinterste Riemenscheibe leimst du eine kleine Holzleiste und drehst eine Schraube ein. Das sind Kurbelarm und Kurbelzapfen. Dann formst du aus festem Draht einen Pleuel und eine Schubstange. Die Schubstange hat an einem Ende eine Öse, der Pleuel an beiden Enden. So kannst du den Pleuel mit der einen Öse an den Kurbelzapfen hängen und dank der anderen Öse mit der Schubstange verbinden. Die Schubstange läuft dann in einer Führung.

STEIN

Steinmännchen

MATERIAL
Kieselsteine
Zweikomponentenkleber für Stein
Farbe und Pinsel
Klarlack

Du suchst nach Kieselsteinen in verschiedenen Größen und stapelst sie. Kannst du eine Figur, ein Gesicht oder Ähnliches erkennen?

Sorge dafür, dass die Steine, die du verwenden willst, stabil aufeinandersitzen. Dann klebst du sie mit Zweikomponentenkleber zusammen. Nach der Trocknungszeit bemalst du deine Steinfigur mit Farbe und Pinsel – so, wie es dir gefällt.

Tipp

Die Farbe bekommt mehr Glanz und hält noch besser auf dem Stein, wenn du ihn zum Schluss mit einer Schicht Klarlack überziehst.

STEIN

Rundfeile

Flachraspel

Feinraspel

Speckstein heißt auch Seifenstein. Es ist ein sehr weicher Stein, der sich leicht bearbeiten lässt. (Auf der Mohsschen Härteskala hat Speckstein den Härtegrad 1, während ein Diamant den Härtegrad 10 hat.) Speckstein gibt es in vielen Farben, von Weiß, Beige und Braun über Hell- und Dunkelgrün bis zu Rosa.

Für Speckstein kannst du viele Werkzeuge einsetzen, die du aus der Holzbearbeitung kennst, wie Stechbeitel, verschiedene Feilen (vor allem eine Rundfeile), Handbohrer und Kerbschnitzmesser. Was du unbedingt brauchst, sind verschiedene Raspeln, zum Beispiel eine flache, große Raspel und eine Feinraspel.

Bevor es losgeht, betrachtest du deinen Speckstein erst einmal genau. Was erkennst du? Woran erinnert dich die Form? Alles liegt bereits im Stein verborgen. Wenn dir klar ist, wie dein Objekt später aussehen soll, beginnst du, mit einer Flach- oder Universalraspel alle nicht gewünschten Formen abzuschleifen und deine Skulptur herauszuarbeiten. Ist der Speckstein sehr klein, kannst du von Anfang an eine Feinraspel einsetzen.

Um Vertiefungen im Speckstein herauszuarbeiten, kannst du auch einen Stechbeitel einsetzen, wie beim Schnitzen auf den Seiten 24/25 erklärt. Sei vorsichtig dabei, denn Speckstein kann schnell reißen.

SPECKSTEIN

Einkerbungen, Linien und Ritzungen lassen sich gut mit Feinraspeln und besonders geformten Feilen (beispielsweise Dreikantfeilen) ausführen. Ähnlich hilfreich ist ein Kerbschnitzmesser. Vielleicht kommt sogar einmal eine elektrische Minibohrmaschine zum Einsatz? Wichtig ist, dass diese Bohrmaschine in einem Bohrständer steht, sodass du präzise, senkrechte Bohrungen durch den Stein ausführen kannst.

Wenn die Form in etwa steht, geht es ans Schleifen. Du kannst nass mit Wasser schleifen. Dafür musst du Nassschleifpapier einsetzen. In diesem Buch wurde der Speckstein allerdings nur durch Trockenschleifen bearbeitet. Hierfür brauchst du normales Schleifpapier, wie du es auch zum Holzschleifen verwendest. Am besten beginnst du mit einer 80er-Körnung und beendest die Schleifarbeiten mit einer 180er- oder sogar 240er-Körnung. Ist die Oberfläche rundherum schön glatt und bist du mit der Figur zufrieden, kannst du sie zum Schluss mit Olivenöl oder Lederfett einreiben und mit einem weichen Baumwolllappen polieren.

Minibohrmaschine

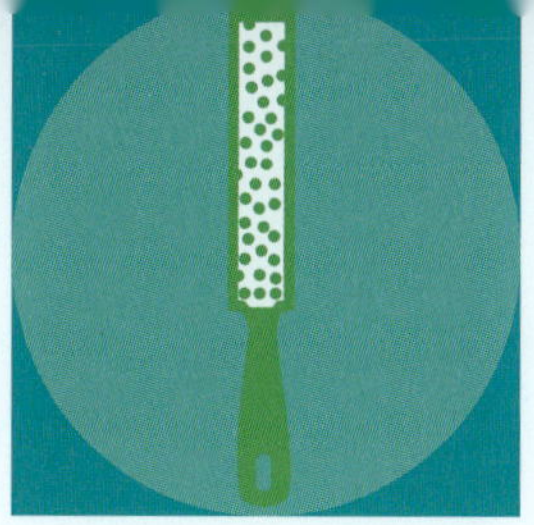

ROBBE

MATERIAL
Speckstein
Raspel
Feile
Dreikantfeile
Schleifpapier und Schleifklotz
schwarzer Filzstift

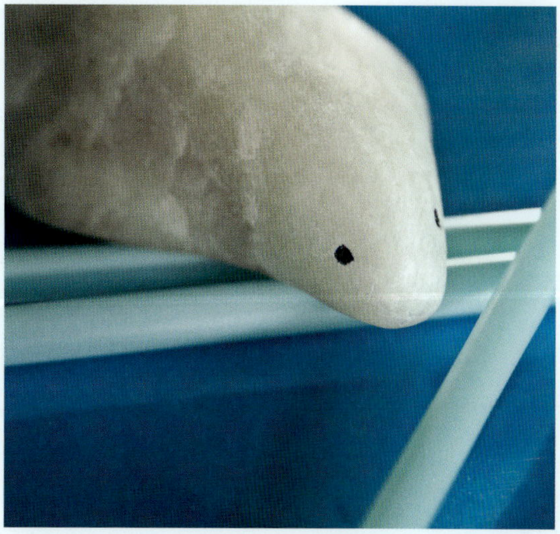

Die Form der Steine erinnert oft an etwas anderes: Tiere, Menschen, Dinge … Am besten betrachtest du deinen Speckstein erst einmal lange von allen Seiten und überlegst, welche Form in ihm stecken könnte. Hast du dich entschieden, dann gilt es, diese Form – hier eine Robbe – aus dem Stein herauszuholen.

Du bearbeitest den Stein zunächst grob mit Raspel oder Feile. Ist die Form gut erkennbar, glättest du ihn mit Schleifpapier. Es dauert lange, bis der Stein ganz glatt ist. Doch dann fühlt er sich so gut an, dass du ihn immer wieder anfassen möchtest. Die Dreikantfeile kannst du zum Schluss einsetzen, um die Augen oder weitere Gesichtspartien herauszuarbeiten. Mit schwarzem Filzstift lassen sich die Augen zusätzlich betonen.

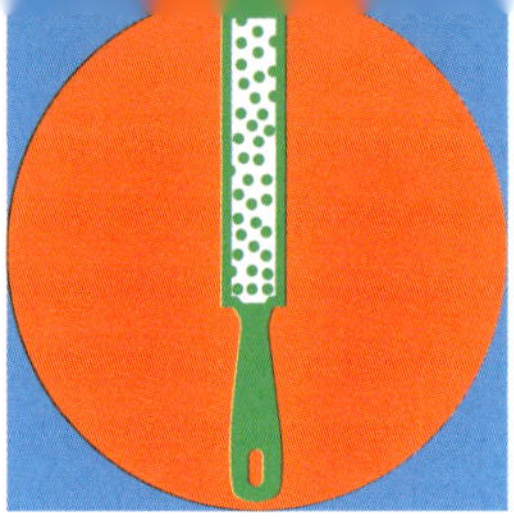

Anhänger

MATERIAL
Speckstein
Lederband
Rundfeile
Minibohrmaschine mit Bohrständer
Schleifpapier und Schleifklotz
Zirkel

Speckstein lässt sich auch zu Schmuck verarbeiten. Du kannst zum Beispiel schöne Anhänger herstellen. Denke aber daran, dass der Stein sehr weich ist und auch leicht bricht, wenn er zu dünn ausgeformt wird.

Bi-Scheiben sind Scheiben mit einem Loch in der Mitte, durch das sich ein Lederband ziehen lässt. Für eine solche Scheibe wählst du einen flachen Speckstein. Du setzt den Minibohrer ungefähr in der Mitte des Steins an und bohrst vorsichtig ein Loch. Mit der Rundfeile arbeitest du die Bohrung weiter aus, bis das Loch die richtige Größe hat und gleichmäßig rund ist. Dann bearbeitest du den Stein nur noch mit Schleifpapier. Du schleifst ihn von beiden Seiten, bis es gleichmäßig flach ist. Nun rundest du die Außenkante. Du kannst nach Augenmaß arbeiten oder die Kreisform mithilfe eines Zirkels auf dem Stein anzeichnen und entlang der Kontur schleifen. Wenn du eine kreisrunde Form erzielt hast, ist dein Anhänger fertig.

▲ Herz
Zoe, 10 Jahre

Tipp

Kleine, flache Formen wie dieses Herz kannst du mit Zweikomponentenkleber auf einen Ringrohling kleben. Schon hast du einen schönen, selbst gemachten Fingerring.

Dicker Fisch

MATERIAL
gelber Sandstein
Stechbeitel
Holzhammer oder Klopfholz

Wie du sicherlich schnell erkennst, besteht dieser Fisch nicht aus Speckstein, sondern aus gelbem Sandstein. Doch das Vorgehen ist vergleichbar mit der Bearbeitung von Speckstein: Die Steinform erkunden, schauen, woran sie dich erinnert – und dann den Stein bearbeiten. In diesem Fall mit Stechbeitel und Holzhammer oder Klopfholz.

Fisch Fasch ▶
Kasper, 9 Jahre

STEIN

Betonwerksteine wie die bekannten Ytong-Steine bestehen aus einem mit Dampf gehärteten Gemisch aus Quarzsand, Kalk, Zement, Wasser und etwas Aluminiumpulver. Zur Zeit seiner Erfindung wurde der Stein Gasbeton genannt. Heute spricht man meist von Porenbeton, weil sich im Stein Millionen kleiner Poren bilden. Das geschieht durch das Aluminiumpulver, das als eine Art Treibmittel ähnlich wie Backpulver im Kuchen wirkt.

Poren- oder Gasbeton ist ein sehr weiches und leicht zu bearbeitendes Material. Mit Sägen, Feilen, Raspeln und sogar Löffeln kannst du Porenbeton ohne großen Kraftaufwand gestalten. Er sieht sehr schwer aus, hat aber im Vergleich zu anderen Steinen ein geringes Gewicht.

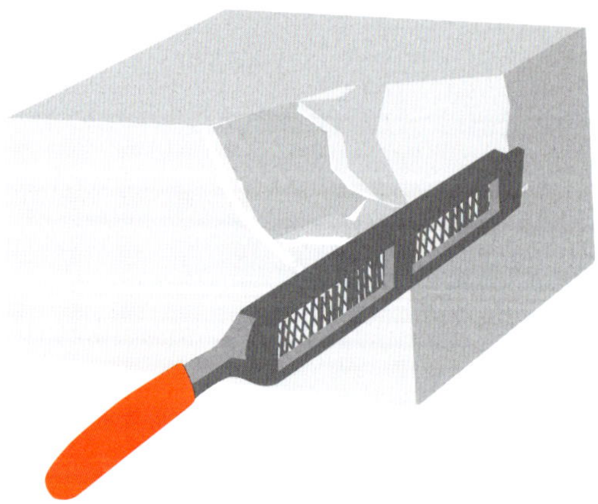

Die Bearbeitung von Porenbeton ist eine sehr staubige Angelegenheit. Deswegen: Alte Kleider anziehen, eine Staubschutzmaske aufsetzen und nach Möglichkeit draußen arbeiten.

Vor dem Sägen kannst du deinen Betonblock unter Wasser halten, um die Staubmenge beim Sägen oder Schneiden in Grenzen zu halten. Beim Feilen oder Raspeln sollte der Porenbeton aber trocken sein. Wenn es zu staubig wird, kannst du den Block zwischendurch mithilfe eines Zerstäubers mit Wasser besprühen.

BETONSTEIN

Auf deinem unbearbeiteten Betonblock kannst du mit Kreide die Konturen anzeichnen. Die grobe Form arbeitest du zunächst mit der Säge, später mit der Raspel heraus. Du kannst auch Hammer und Meißel einsetzen, um grobe Formen herauszubilden. Um die Formen zu verfeinern, arbeitest du mit feinen Bildhauerraspeln und verschieden geformten Feilen. Bist du mit deiner Skulptur zufrieden, wäschst du allen Staub unter Wasser ab. Dann lässt du dein Objekt gründlich durchtrocknen.

Kopf

MATERIAL
Betonstein
große Raspel
grobes Schleifpapier
Dreikantfeile
Staubschutzmaske

Dieser Kopf hat eine ganz simple Form. Du bearbeitest den Betonstein so mit der Raspel, dass sich ein hohes Oval ergibt. Nur in Höhe von Nasenunterkante, Mund und Kinn wird die Außenkante des Ovals anders geformt. Für die Nase feilst du eine gerade Unterseite, die Lippen werden durch leichte Wölbungen und eine Lücke zwischen Ober- und Unterlippe markiert. Das Kinn wird abgeschrägt. Am unteren Ende flachst du das Oval ab, damit der Kopf sicher steht und nicht kippt.

Zum Schluss arbeitest du das Auge auf beiden Seiten des Kopfes, indem du die Dreikantfeile ansetzt und leicht hin- und herdrehst.

Gips kannst du nicht so einfach verarbeiten wie zum Beispiel Ton, weil er vor dem Abbinden flüssig ist. Um eine Plastik aus Gips aufzubauen, brauchst du ein Gerüst, da der flüssige Brei vor dem Aushärten gestützt werden muss. Wenn der Härteprozess angelaufen ist, kannst du den festeren Gips in Form schnitzen oder feilen.

Um Modellgips anzumischen, füllst du Wasser in eine flexible Plastikschüssel. Mit einer Schaufel schüttest du vorsichtig Gipspulver ins Wasser. Du füllst weiteres Gipspulver auf, bis eine trockene Insel stehen bleibt. Wenn diese ebenfalls nass geworden ist, verrührst du Gips und Wasser mit einem Holzstab. Den Gipsbrei musst du jetzt schnell verarbeiten.

Zum Beispiel kannst du ihn als Gussmaterial verwenden. Das heißt, du gießt ihn in eine (eventuell eingefettete) Form und lässt ihn gut austrocknen.

Oder du formst ein vorhandenes Objekt ab und erstellst zuerst eine Negativform.

Hierfür fettest du deinen Gegenstand gut mit Vaseline ein, stellst ihn in eine Kartonageverpackung und füllst diese mit Gipsbrei auf, bis der Gegenstand komplett bedeckt ist. Du lässt den Gips trocknen, bis er nicht mehr verformbar, aber noch nicht durchgetrocknet ist.

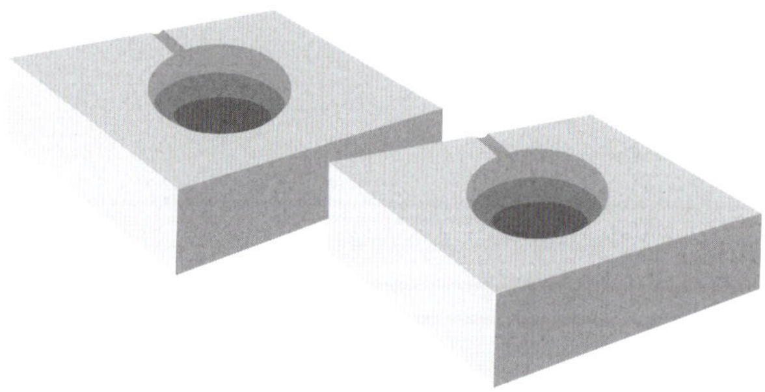

Dann löst du die Verpackung ab und schneidest die Gipshülle in zwei Hälften. Löse die beiden Teile vorsichtig vom Gegenstand ab. Nun höhlst du den oberen Rand beider Gipsteile mit dem Messer etwas aus, sodass sich beim Zusammenlegen der Teile ein Loch ergibt, in das später der Gipsbrei für die Positivform eingefüllt werden kann.

GIPS

Die Negativform muss ganz durchgetrocknet sein. Dann kannst du sie innen mit Vaseline einfetten. Anschließend hältst du die beiden Negativformen mit einem Gummiband zusammen und füllst den Gipsbrei ein. Nach dem Trocknen und dem Ablösen der Negativformen erhältst du eine Positivform aus Gips, die die originale Form exakt abbildet.

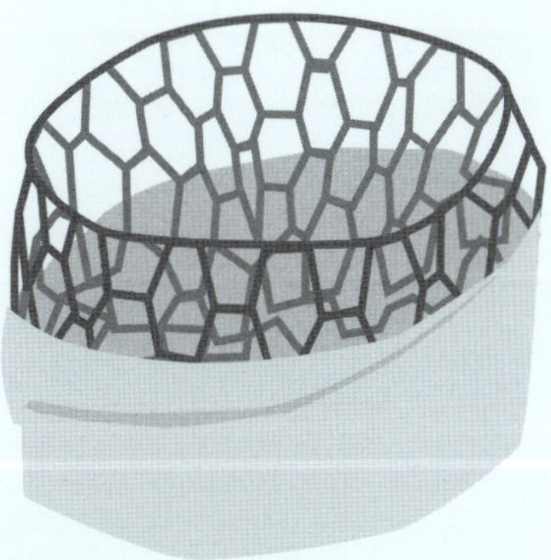

Schließlich kannst du ein Gerüst aus Maschendraht oder sehr starkem Draht (ca. 4 mm stark) herstellen und dieses mit in Gipsbrei getränkten Stofffetzen oder Gipsbinden ummanteln.

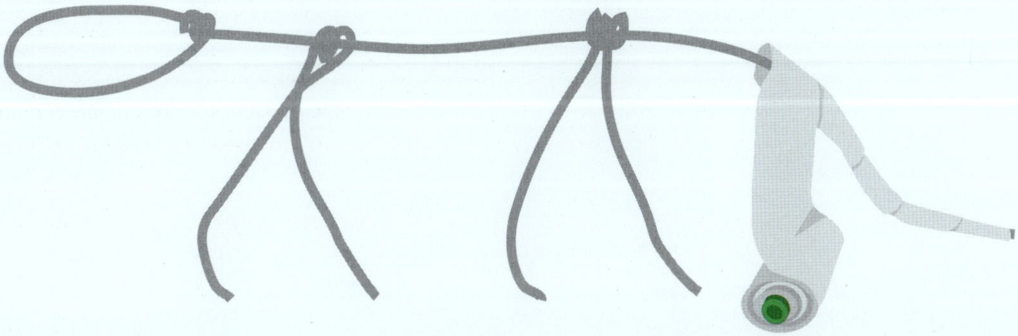

Januskopf

MATERIAL
Modellgips
Kartonageverpackung
altes Schnitzmesser

Gips kannst du sogar mit dem Messer bearbeiten, also schnitzen, wenn er den richtigen Trocknungsgrad erreicht hat. Der Gipsbrei darf nicht mehr flüssig sein, aber auch nicht komplett durchgetrocknet, sonst ist er zu hart.

Du füllst deine Verpackung mit Gipsbrei und wartest so lange, bis der Gips nicht mehr formbar ist. Dann löst du die Verpackung ab. Mit dem Messer schneidest du den Kopf in Form. Ein Januskopf hat zwei Gesichter – vorne und hinten. Du kannst zum Beispiel vorne einen lachenden Mund schnitzen und hinten ein griesgrämig dreinblickendes Gesicht mit nach unten gezogenen Mundwinkeln. Oder du gestaltest beide Seiten gleich – ganz wie es dir gefällt.

GIPS

SÜSSKRAM

MATERIAL
Modellgips
quadratische Milchtüte aus Karton
Backpapierförmchen für Muffins
Papier oder alter Sahnespritzbeutel
Geburtstagskerzen für Kuchen
Zweikomponentenkleber
Schleifpapier
Farbe und Pinsel

Sehen der Kuchen und die Törtchen nicht zum Anbeißen aus? Vorsicht, denn du würdest dir die Zähne ausbeißen. Sie sind nämlich aus Gips.

Du verwendest eine oben abgeschnittene Milchtüte sowie Backpapierförmchen für Muffins und füllst sie bis zur gewünschten Höhe mit Gipsbrei. Dann lässt du den Gips gut durchtrocknen. Du kannst fühlen, dass er abbindet: Wenn du die Hülle anfasst, merkst du, wie warm der Gipsbrei geworden ist.

Ist der Gips getrocknet, reißt du die Papier- oder Papphülle auf und löst die Gipsform heraus. Wenn du magst, kannst du die Form mit Schleifpapier glätten. Für die „Sahne“ des Kuchens verwendest du Gipsbrei, der nicht allzu flüssig ist. Du kannst einen ausrangierten Sahnespritzbeutel benutzen oder dir aus Papier eine Spitztüte basteln und die Spitze unten abschneiden. Du füllst den Gipsbrei in Beutel oder Tüte und drückst ihn durch das Loch auf den Kuchenrand. Für die „Kirschen“ auf den Törtchen formst du Kügelchen aus Gips. Wieder alles gut trocknen lassen. Zum Schluss bemalst du Kuchen und Törtchen und klebst die Kerzen und Kügelchen mit Zweikomponentenkleber auf.

Kuchen und Törtchen ▶
Zoe, 10 Jahre

PANTHER

MATERIAL
dicker ummantelter Draht
Modellgips
Stofffetzen
Gipsbinden

Aus dickem Draht formst du Körper, Kopf, Beine und Schwanz des Panthers. Die Drahtstücke für die Beine schlingst du um den Draht für Kopf, Körper und Schwanz. Anschließend werden die Drahtstücke einmal verdreht (siehe auch Seiten 66/67).

Das Tier ist nun noch ganz dünn und staksig. Volumen bekommt es, wenn du es mit in Gipsbrei getränkten Stofffetzen und anschließend mit Gipsbinden umwickelst. Das machst du so lange, bis dein Panther die richtigen Proportionen hat und vor Kraft nur so strotzt. Der fertige Panther muss mehrere Stunden durchtrocknen.

METALL

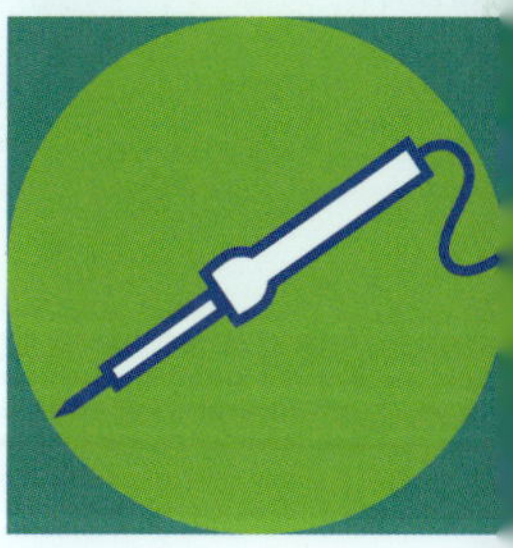

METALL

Draht gibt es in vielen unterschiedlichen Stärken. Für die Projekte in diesem Buch wird dünner Bindedraht verwendet, aber auch ganz dicker Draht in einer Stärke von 4 mm. Metalldrähte (meist Kupferdrähte) mit einer isolierenden Ummantelung aus Kunststoff werden auch Kabel oder Leitung genannt. Darüber hinaus kommt Draht auch als Maschendraht vor. Auf den Seiten 86/87 sowie im Kapitel zu Gips wird erklärt, wie du ihn verwenden kannst.

Dicker Draht lässt sich oft mit der Hand zurechtbiegen. Gezielter kannst du ihn biegen, wenn du verschiedene Zangen einsetzt. Willst du zum Beispiel eine Öse oder Schnecke biegen, dann greifst du den Drahtanfang mit der Spitze einer Rundzange und biegst eine kleine Schlaufe.

Kantiger kann mit der Flachzange gebogen werden.

Dünne, gewalzte Metalle heißen Bleche. Konservendosen werden meist aus Weißblech hergestellt, einem gewalzten Stahlblech, dessen Oberfläche mit Zinn beschichtet ist.

Um einen Blechstreifen in eine bestimmte Form zu bringen, kannst du ihn über einen festen Kern biegen. Das heißt, du nimmst ein Vierkantholz oder Rundholz in der passenden Größe und spannst es zusammen mit dem Blech in einen Schraubstock. Dann schlägst du das Blech mit dem Holzhammer in Form.

Noch besser biegen kannst du Dosenblech, wenn du es mit einem Flambierbrenner oder Butangasbrenner erhitzt. Du hältst das Blech mit der Zange und drehst es langsam vor der Gasflamme hin und her. Wenn es rötlich glüht, biegst du das Blech mit zwei Zangen in die gewünschte Form.

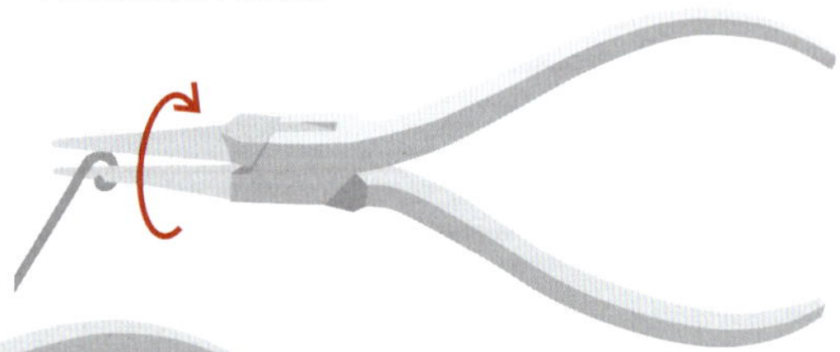

Rundzange

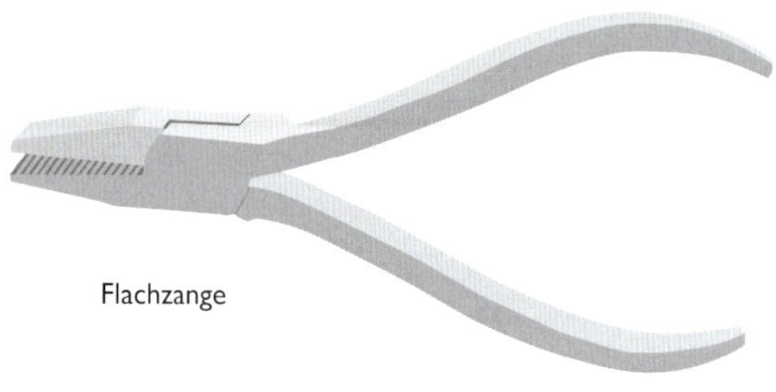

Flachzange

SCHNEIDEN UND FORMEN

Zum Schneiden von Blech bis etwa 1 mm Stärke brauchst du eine Blechschere. Halte sie so, dass die Scherenflächen immer senkrecht zum Blech stehen. Willst du eine Konservendose zerlegen, schneidest du den Boden mit einem Dosenöffner ab. Dann schneidest du den Mantel entlang der Lötnaht mit der Blechschere durch.

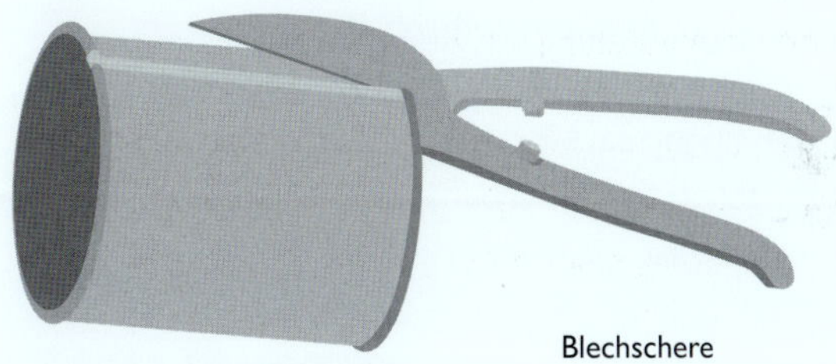

Blechschere

Jetzt schneidest du die Kanten ab. Vorsicht: An den feinen Metallspänen kann man sich leicht verletzen.

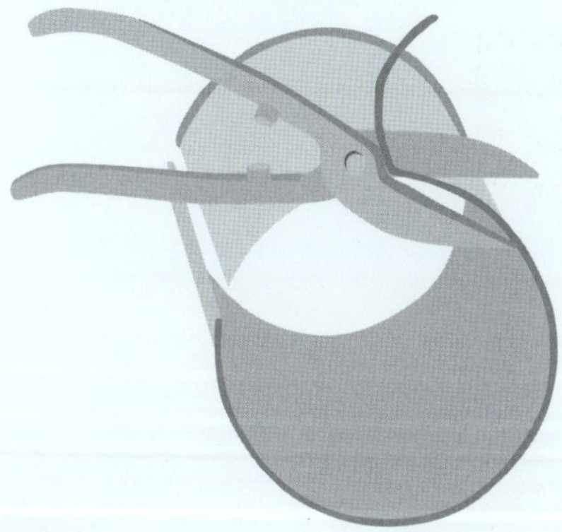

Deshalb solltest du jede Kante nach dem Schneiden abfeilen, indem du mit der Feile in beiden Richtungen an der Kante entlangfährst. Bei diesen Arbeiten immer Arbeitshandschuhe tragen!

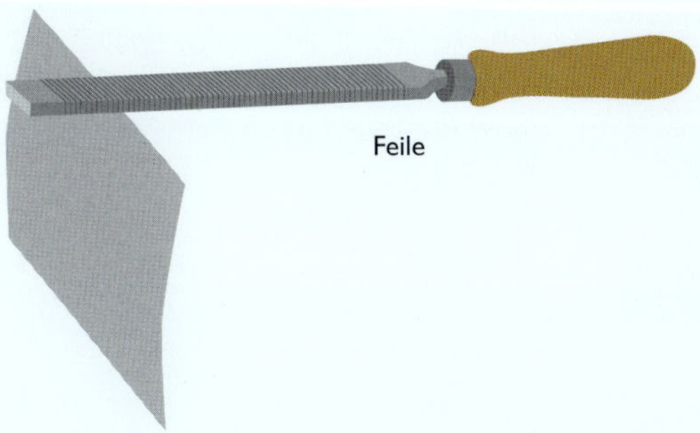

Feile

METALL

SCHNEIDEN, FORMEN

GRUPPENARBEIT

MURMELBAHN

MATERIAL
viele gerundete Blechdosen, Butangasbrenner/ Flambierbrenner, Holzleisten, dicker Draht, MDF-Platte, ca. 60 x 60 cm, Flachzange, Kochhandschuhe oder Arbeitshandschuhe, Feinsäge, Blechschere, Heißkleber

Für die Rinne der Murmelbahn brauchst du viele einzelne Blechstücke mit ca. 5 cm Breite und unterschiedlichen Längen. Diese Blechstücke erhitzt du vorsichtig mit dem Gasbrenner. Dabei hältst du sie mit der Zange fest. Damit du dich nicht verbrennst, solltest du hitzefeste Arbeits- oder Kochhandschuhe tragen. Ist das Blech erhitzt, lässt es sich mit der Zange gut in „Rinnenform“ biegen.

Dann platzierst du Holzleistenstücke mit unterschiedlichen Höhen auf der Bodenplatte und klebst sie mit Heißkleber fest. Was Höhe und Platzierung der Holzleisten angeht, kannst du dich am Foto rechts orientieren. Du ordnest die Rinnenteile so an, dass die Murmel später zügig von oben nach unten rollen kann. Befestige die Blechteile mit Heißkleber auf den Holzleisten. Du kannst auch Abstände einplanen, die die Murmel einfach überspringt. Oder du überbrückst Lücken mithilfe von Draht. Ganz unten wird die Murmel von einer halb aufgeschnittenen Dose aufgefangen.

Murmelbahn ▶
Max, 12 Jahre

Cashew-
A&P
Cashew-

PREISWERT
LA EXPLANAD
DE ANCHOA
CALIDAD EXTRA

METALL

SCHNEIDEN, FORMEN

Blechgitarre

MATERIAL
Blechdosen mit geraden Flächen (z. B. Fischdosen), Pappe, Schere, Blechschere, Ahle, Flach- oder Rundzange, Filzstift, Arbeitshandschuhe

Am besten überträgst du die Vorlage für Vorder- und Rückseite der Gitarre zunächst auf Pappe, schneidest sie als Schablone aus und überträgst dann die Kontur mit Filzstift auf das Blech. An der Seite des Gitarrenkörpers befinden sich Laschen, die später entweder um das Seitenteil herumgelegt oder in Schlitze auf der Rückseite eingesteckt werden. Mit der Blechschere schneidest du Vorder- und Rückseite sowie einen Streifen als Seitenteil aus.
Das Seitenteil hat eine Breite von ca. 1 cm.

Dann fügst du die Teile zusammen. Sie werden nur durch die seitlichen Metalllaschen zusammengehalten. Zum Biegen von Griffbrett sowie Seitenteil und seitlichen Laschen eignet sich neben einer Flachzange auch eine Rundzange. Sitzt alles perfekt? Dann ist die Gitarre fertig.

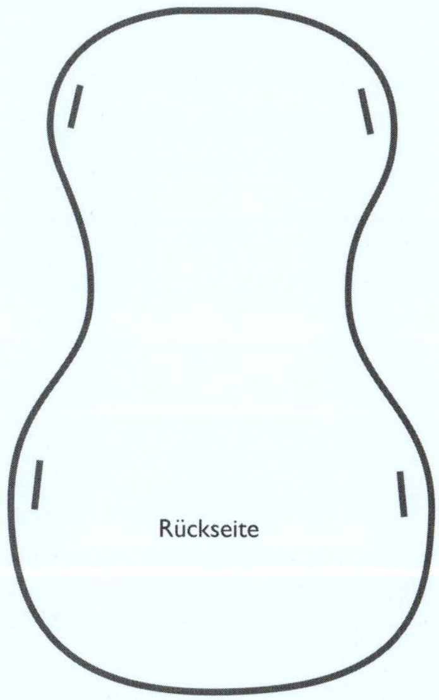

Beim Arbeiten mit Blech kannst du dich leicht an den scharfen Kanten schneiden. Trage deshalb immer Arbeitshandschuhe.

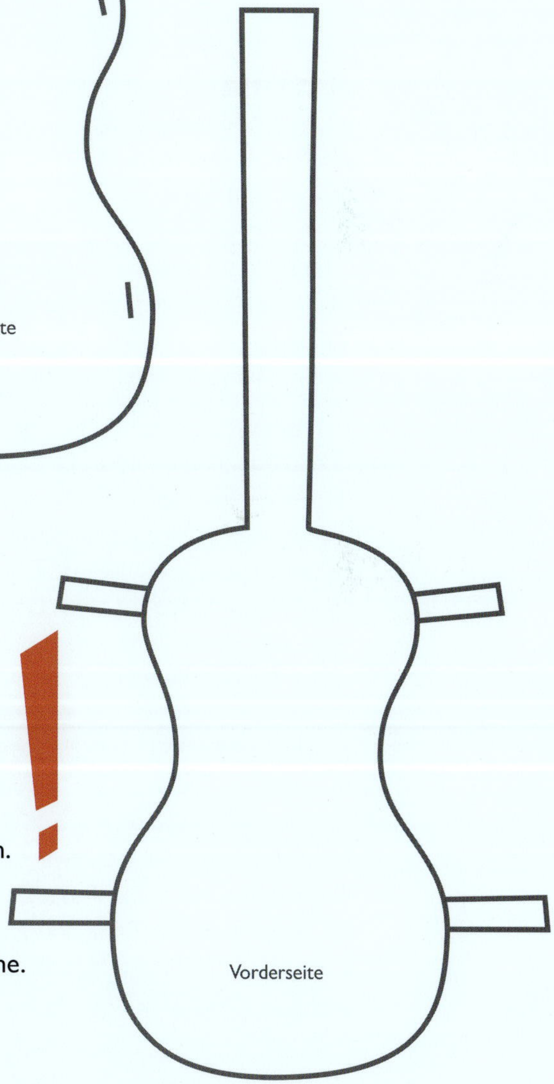

DRACHEN

MATERIAL
8 kleine Konservendosen
größere Konservendose
Schnur oder Band
Stoff, Gewebeband
2 Gewindestangen mit 4 passenden Muttern
Schraube mit passender Mutter
2 Kronkorken, 2 Perlen
Draht, Klebstoff, Ahle, Blechschere, Schere

In den Boden der kleinen Dosen bohrst du mit der Ahle mittig ein Loch. Dann fädelst du die Dosen wie Perlen auf eine Schnur, deren Enden du jeweils verknotest. Das ist der Drachenkörper. Achte auf einen Dosenabstand von etwa 2 bis 3 cm. So kann sich dein Drachen später besser bewegen.

Aus der größeren Dose schneidest du mit der Blechschere das Drachenmaul und umklebst die scharfen Kanten vorsichtig mit Gewebeband. Für die Augen bohrst du zwei Löcher in die Kronkorken und in die Dose. Dann fädelst du für jedes Auge eine Perle mittig auf ein Drahtstück, legst den Draht doppelt und fädelst ihn durch Kronkorken und Dose. Innen verdrillst du die Enden mehrfach.

Dann bohrst du unten in den Kopf und oben in die vorderste Dose des Drachenkörpers je ein Loch. Hier befestigst du den Kopf mit Schraube und Mutter.

Außerdem bohrst du unten in die vorderste und in die letzte Dose des Körpers ein Loch. Hier steckst du die Gewindestäbe in den Drachenkörper und fixierst sie mit jeweils zwei Muttern (eine innerhalb des Drachenkörpers und eine außerhalb).

Dann verbindest du die Körperglieder mit etwa 5 cm breiten Stoffstreifen, die du zwischen die Dosen klebst.

Wenn du möchtest, kannst du oben in den Drachenkörper kleine Löcher bohren, und etwas „struppigen“ Draht hineinstecken.

Stinkendes Ungeheuer ▶
Elena, 9 Jahre

SALE
MARINO FINO
DOMUS

Blechdosenmann

MATERIAL
große und kleinere Blechdose
dicker ummantelter Draht
Blechschere
Flach- oder Spitzzange
Ahle
Heißkleber
Arbeitshandschuhe

Aus den Blechdosen schneidest du lange Streifen mit seitlichen Laschen. Mit der Zange biegst du die Blechstreifen zu Würfeln mit offener Ober- und Unterseite. Wie bei der Gitarre auf Seite 81 schließt du die Form, indem du die Laschen in Schlitze an der gegenüberliegenden Seitenkante steckst.

Für den Kopf brauchst du außerdem ein flaches, quadratisches Blechstück, dessen Außenkanten umgebogen werden. Du passt das Blech in den kleinen Würfel ein und klebst es mit Heißkleber fest. Dann bohrst du in die Mitte des Blechs zwei Löcher. Hier wird später die Schlaufe des Drahtstücks für die Arme durchgezogen. Auch der größere Quader bekommt seitlich Löcher für die Arme.

Aus zwei ca. 60 cm langen Drahtstücken formst du das „Innengerüst“ des Blechdosenmannes. Du fädelst eines der Drahtstücke durch die Löcher am Kopf, biegst beide Drahtstücke in der Mitte und verdrehst sie einmal, um Schlaufen zu bilden. Lege die Schlaufen, wie in der Zeichnung gezeigt, übereinander und schiebe die Arme durch die Löcher des großen Quaders. Jetzt biegst du alles in Form. Fertig!

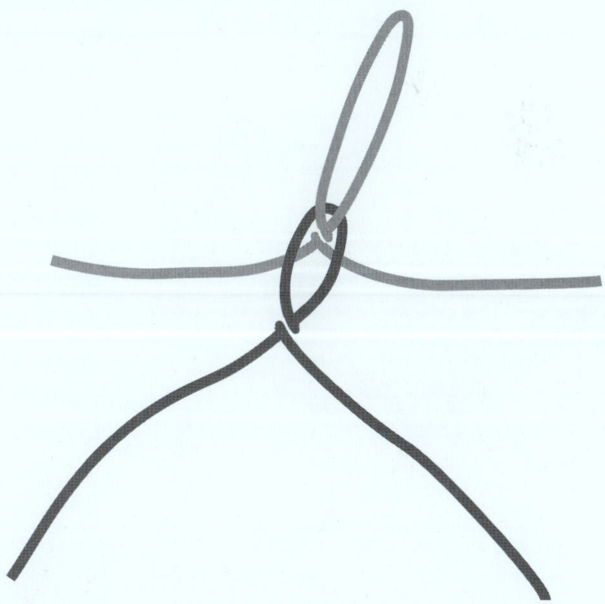

◀ Dosenmann
Zoe, 10 Jahre

KRAN

MATERIAL
MDF-Platte, Maschendraht, Holzleiste , 4 gebohrte Holzräder (Hobbyladen), runde Holzscheibe, Ø ca. 5 cm (Hobbyladen)
2 Rundhölzchen, Schnur, Pappe
kurzer Gewindestab
4 Flügelmuttern, 4 Muttern, 2 Unterlegscheiben (passend zum Gewindestab), dünner Draht, Kurbel (Inbusschlüssel), Magnet, Metallsäge, Feinsäge, Akkubohrer, Klebstoff, Holzleim

Der Kran dreht sich rundum, sobald du an der Kurbel drehst. Das Lastseil kannst du ebenfalls hoch- und runterdrehen, am Ende hängen eine Mutter und daran wieder ein starker Magnet.
Der Antrieb läuft über einen gekreuzten Riemen, mehr dazu findest du auf Seite 48. Die Riemenscheiben bestehen aus jeweils zwei Holzrädern, zwischen die du einen dicken Pappkreis klebst. In die Riemenscheiben leimst du je ein Rundhölzchen als Welle. Von der Holzleiste sägst du ein längeres Stück ab, bohrst oben zwei Löcher und steckst die Wellen samt Riemenscheiben hinein. Die Holzleiste leimst du auf die MDF-Platte. Als Riemen dient ein Stück Schnur, ein passender Inbusschlüssel wird zur Kurbel.
Für den Kran brauchst du einen Sockel: Du leimst die Holzscheibe auf eine Riemenscheibe und darauf wieder ein etwa 8 cm hohes Stück Holzleiste.
Aus dem Maschendraht formst du einen ungefähr 30 cm hohen Turm, dessen Grundfläche auf den Holzsockel passt. Die offene Maschendrahtseite schließt du mit ein paar Drahtwicklungen. Den Querträger befestigst du ebenfalls mit Draht: Das vordere Stück ist etwa 15 cm, das hintere Stück 7 cm lang. Ein dreieckig gespannter Draht stabilisiert den Querträger.
Als Achse für das Lastseil brauchst du einen kurzen Gewindestab, als Lager befestigst du mit Draht zwei Unterlegscheiben. Die Muttern dienen als Abstandshalter, die Geflügelmuttern als Kurbelgriff. Das Lastseil fixierst du an der Achse mit etwas Klebstoff und führst es durch den Querträger an die Kranspitze.

METALL

Dünne Metallfolien aus Aluminium, Kupfer oder Messing in Stärken von 0,05, 0,08 und 0,1 mm lassen sich leicht mit einem Kugelschreiber prägen. Du musst dir keinen der speziellen Prägestifte anschaffen, die es in Hobbygeschäften zu kaufen gibt.

Zum Prägen legst du die Metallfolie auf eine weiche Unterlage – zum Beispiel auf Styropor oder Moosgummi. Die Seite der Metallfolie, die später die Rückseite sein wird, zeigt nach oben.

Dann zeichnest du mit dem Kugelschreiber Linien auf. Du kannst auch eine Schablone oder Vorlage auf die Metallfolie legen und die Kontur mit dem Kugelschreiber umfahren.

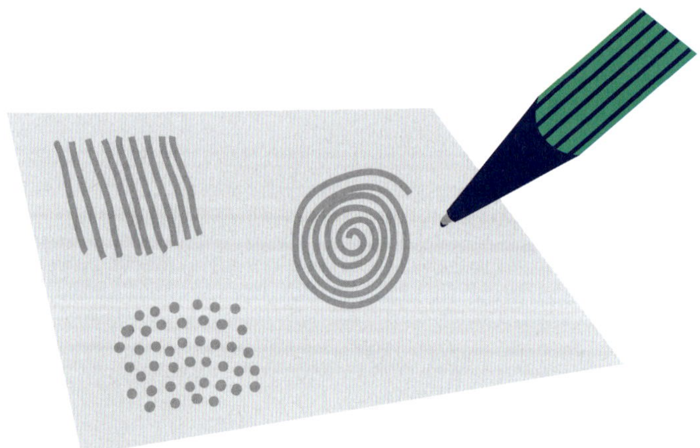

Flächen kannst du mit gestrichelten Linien, Punkten oder Spiralen füllen.

Wenn dein Motiv fertig ist, drehst du die Folie um. Auf der Vorderseite ragen die Prägelinien nach oben. Man sagt, sie sind „erhaben".

PRÄGEN UND LOCHEN

Soll dein Motiv noch plastischer werden, kannst du einen runden Teelöffelstiel zu Hilfe nehmen. Du fährst auf der Rückseite der Folie mit dem Teelöffelstiel kräftig über die Innenfläche des Motivs, um auf der Vorderseite eine erhabene Fläche zu erzeugen.

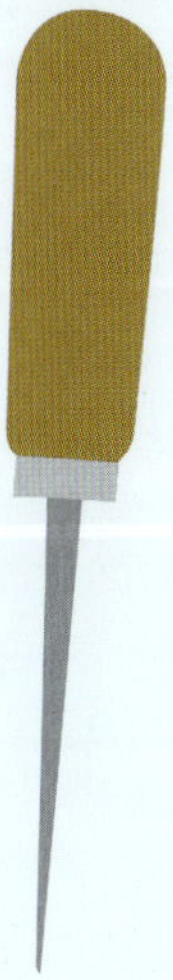

Ahle

In dünnere Bleche, Metallfolien oder Blechdosen lassen sich mühelos Löcher bohren oder schlagen. Zum Bohren kannst du viele verschiedene Werkzeuge einsetzen. Sehr leicht geht es mit einer Ahle.

Um Löcher einzuschlagen, brauchst du einen Hammer und einen spitzen Gegenstand aus Metall. Ein Werkzeug, das extra dafür gemacht ist, ist der Durchschlag. Dünne Metallfolien lassen sich aber mit einem einfachen Nagel ebenso gut lochen.

Durchschlag

Du legst dein Material auf eine ebene Unterlage, die weicher ist als das Blech oder die Metallfolie. Dann setzt du den Durchschlag oder Nagel dort an, wo das Loch entstehen soll. Wichtig ist, dass du den Durchschlag oder Nagel genau senkrecht aufsetzt. Mit einem kräftigen Hammerschlag treibst du die Metallspitze durch das Blech.

METALL

PRÄGEN, LOCHEN

LATERNEN

MATERIAL

Metallfolie, Pappe, Laternenbügel oder Draht, große Käseschachtel, Ø ca. 15 cm, Teelicht, Nagel, Hammer, Klebstoff, Styropor als Unterlage, Farbe und Pinsel

Du schneidest eine Metallfolie von ca. 30 cm Breite und 50 cm Länge zu oder verwendest vier Einzelblätter (ca. DIN A4), die du später seitlich zusammenklebst. Dann legst du die Folie auf einen weicheren Untergrund (zum Beispiel Styropor). Wenn du entschieden hast, welches Muster die Folie bekommen soll, zeichnest du dieses ganz schwach vor. Es macht aber auch großen Spaß, sich beim Machen spontan Muster auszudenken. Nun setzt du die Nagelspitze auf der Kontur des Musters an und schlägst mit dem Hammer auf den Nagel, sodass sich ein Stanzloch in der Folie ergibt. Du versetzt den Nagel um einige Millimeter und stanzt ihn erneut durch die Folie. Nach und nach bildet sich so dein Muster heraus.

Zum Schluss klebst du die Außenkanten zusammen. Du misst die sich ergebende Bodenfläche aus und arbeitest in der entsprechenden Größe einen Boden aus Pappe, den du am Folienrand festklebst. Für die runde Laterne verwendest du die Käseschachtel als Boden. Der obere Rand bekommt ebenfalls mehr Halt durch das Auf- oder Hinterkleben eines Pappstreifens. Dann stichst du zwei Löcher in den verstärkten oberen Rand und hängst dort den Laternenbügel ein. Nun musst du die Bodenfläche nur noch mit einem Teelicht bestücken.

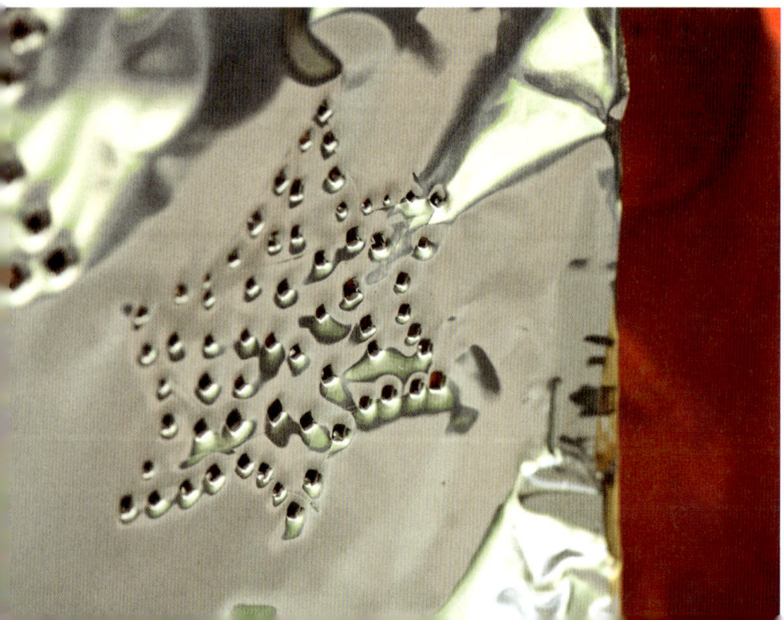

TIPP

Wenn du magst, kannst du den seitlich sichtbaren Rand der Käseschachtel in einer Kontrastfarbe bemalen.

Laternen ▶
Rasmus, 6 Jahre

METALL

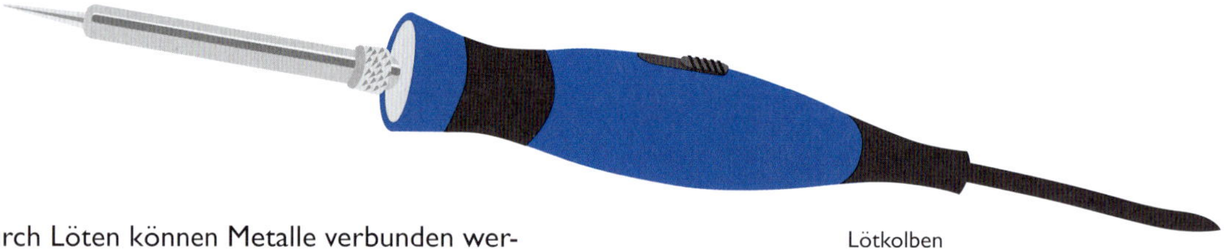

Lötkolben

Durch Löten können Metalle verbunden werden. Es ist eine sehr alte Technik, mit der die Menschen schon vor mehr als 7000 Jahren Metalle wie Gold, Silber und Kupfer zusammenfügten. Im Unterschied zum Schweißen wird beim Löten nicht das eigentliche Metall zum Schmelzen gebracht, sondern ein Lot mit einer niedrigeren Schmelztemperatur. Man unterscheidet zwischen dem Weichlöten und dem Hartlöten. Das Hartlöten wird mit einem Lötbrenner bei hohen Temperaturen (ab 450 °C) gemacht. Aber für deine Zwecke reicht das Weichlöten (bis 450 °C) aus.

Zum Weichlöten brauchst du einen elektrischen Lötkolben mit einer Leistung von mindestens 100 Watt.

Und du benötigst ein Lot: das Lötzinn – eine Legierung mit einem Zinnanteil. Damit die zu verlötenden Flächen beim Erhitzen nicht oxidieren, musst du außerdem ein Flussmittel auftragen, das Lötfett.

Einfacher geht's mit Lötdraht oder Lötpaste, denn in Lötdraht und -paste ist das Flussmittel jeweils schon enthalten und muss nicht extra aufgetragen werden. Gerade wenn die zu verlötende Stelle nur sehr klein ist, ist es am besten, mit Lötdraht zu arbeiten.
Um die erhitzte Spitze des Lötkolbens zu säubern, verwendest du einen Salmiakstein.

Zunächst reibst du die zu verlötenden Flächen mit Schleifpapier ab und reinigst sie dadurch von Fett, damit das Lötzinn haften kann.

Du steckst den Lötkolbenstecker in die Steckdose und wartest ein paar Minuten, bis die Kolbenspitze heiß ist. Du kannst testen, ob der Kolben heiß genug ist, indem du die Schneidefläche des Lötkolbens auf den Salmiakstein drückst. Wenn's zischt, kannst du loslegen.

LÖTEN

Du drückst das Lötdrahtende auf die Lötstelle und bringst es dort mit dem Kolben zum Schmelzen. Der Zinntropfen bleibt auf den gereinigten Metallflächen haften und überzieht sie mit einer dünnen Zinnschicht. Wenn diese Schicht erkaltet ist, sind die Metallflächen fest verbunden.

PREISWERT
ATTRAKTIV
geröstet & gesalzen

METALL

LÖTEN

LEUCHTTURM

MATERIAL
3 Blechdosen
kleine Blechdose
Teelicht, Blechschere, Flachzange,
Lötkolben, Lötzinn oder -draht,
Draht, Arbeitshandschuhe

Für diesen Leuchtturm brauchst du drei gleich große Blechdosen, die nur an einer Seite (oben oder unten) offen sind.

Du stellst die Dosen aufeinander und verbindest sie, indem du sie an zwei sich gegenüberliegenden Punkten am oberen bzw. unteren Rand zusammenlötest. Die kleine Dose schneidest du am Rand achtmal ein. Es sollen drei Laschen von ca. 2 cm Breite entstehen, die du leicht nach oben biegst, sowie eine breitere Lücke, durch die sich später das Teelicht einschieben lässt.

Jetzt lötest du die kleine Dose mittig auf der obersten großen Dose fest. Zusätzlich verankern kannst du sie mithilfe von Drahtstücken, die du auf der obersten großen Dose verlötest.

◀ Leuchtturm
Max, 12 Jahre

Das Dach des Leuchtturms formst du aus einem kreisrunden Blechstück, das du an einer Stelle einschneidest. Du schiebst die Kanten übereinander und formst so einen Spitzhut. Verlöte die Kante und löte das Dach auf der kleinen Dose fest. Wenn du zum Schluss ein brennendes Teelicht in die obere Dose stellst, leuchtet dein Leuchtturm.

! Beim Arbeiten mit Blech kannst du dich leicht an den scharfen Kanten schneiden. Trage deshalb immer Arbeitshandschuhe.

Impressum

Eva Hauck war einige Jahre als Lektorin mit Schwerpunkt Kreatives Gestalten in einem Publikumsverlag tätig. Heute arbeitet sie im eigenen Redaktionsbüro „der springende punkt" in Berlin als Autorin, freie Lektorin und Stylistin. www.derspringendepunkt.de

Claudia Huboi arbeitet in ihrem Büro „kreisrund" in Köln als Autorin, Redakteurin, Gestalterin und Illustratorin. Ihre Spezialgebiete sind Sachbuch, Schulbuch und Bildungsmaterialien für Kinder in den Bereichen Kreatives Gestalten, Umwelt und MINT. www.kreisrund-redaktion.de

Von beiden Autorinnen sind Im Haupt Verlag bereits mehrere Bücher erschienen.
Bei der Entstehung dieses Buches haben außerdem viele Kinder mitgewirkt, bei denen wir uns herzlich bedanken.

1. Auflage: 2024

ISBN 978-3-258-60294-3

Konzept, Projekte und Texte: Claudia Huboi und Eva Hauck
Gestaltung und Satz: Susanne Nöllgen/GrafikBüro, Berlin
Zeichnungen: Susanne Nöllgen und Claudia Huboi
Fotos: Uli Staiger/die licht gestalten, Berlin
Styling: Claudia Huboi
Umschlaggestaltung: Tanja Frey, Haupt Verlag

Wir drucken mit mineralölfreien Farben und verwenden FSC®-zertifiziertes Papier. FSC® sichert die Nutzung der Wälder gemäß sozialen, ökonomischen und ökologischen Kriterien.
Gedruckt in der Tschechischen Republik

FSC www.fsc.org MIX Papier | Fördert gute Waldnutzung FSC® C010798

Diese Publikation ist in der Deutschen Nationalbibliografie verzeichnet.
Mehr Informationen dazu finden Sie unter http://dnb.dnb.de.

Der Haupt Verlag wird vom Bundesamt für Kultur für die Jahre 2021–2024 unterstützt.

© Shutterstock, Huza Studio

Möchtest du nichts mehr verpassen?

Folge uns auf unseren Social-Media-Kanälen und bleibe via Newsletter auf dem neuesten Stand.

www.haupt.ch/informiert

Wir verlegen mit Freude und großem Engagement unsere Bücher. Daher freuen wir uns immer über Anregungen zum Programm und schätzen Hinweise auf Fehler im Buch, sollten uns welche unterlaufen sein.

www.haupt.ch